# DIE SCHWESTER AUF DEM HEISSEN BLECHDACH

# ALS WITWE INS KLOSTER

## Inhaltsverzeichnis

Einleitung ............................................................................... 5
Kindheit ................................................................................ 11
Gymnasialzeit ...................................................................... 19
Die große Glaubenshilfe durch das 2. Vaticanum ..................... 23
Schöpfung und Evolution ....................................................... 29
Erstes und zweites Studium .................................................. 35
Ehe und Familie, drittes Studium ........................................... 47
Die große Katastrophe – Peters Krankheit und Tod ................. 53
Gebet – Meditation - Kontemplation ....................................... 59
Klostereintritt ........................................................................ 79
Resumé ............................................................................... 87

## *Einleitung*

Lieber Christian,
dieses Büchlein schreibe ich Dir, Christian, meinem Sohn, zu Deinem Geburtstag.
Wahrscheinlich ist es nicht selbstverständlich, dass eine Ordensfrau einen leiblichen Sohn hat – geistliche Kinder sollten wir ja viele haben -, und auch nicht, dass sie sich auf einem leider immer sehr heißen Blechdach sonnt. Aber das ist in einem Kloster die einzige Möglichkeit, sich in einem Badeanzug zu bräunen – obwohl wir einen riesigen Park dabei haben, den größten Klostergarten Wiens mit herrlichen alten Bäumen und einem wunderbaren Ausblick auf die Jugendstilkirche Steinhof. Doch wie alle Nachteile hat mein Blechdach auch Vorteile: man ist hier wirklich allein und ungestört – und gerade wenn man in einer Gemeinschaft eng beisammen lebt, braucht man – oder zumindest ich – auch eine Rückzugsmöglichkeit. Hier kann ich auch in aller Ruhe über Verschiedenstes nachdenken und mein Leben Revue passieren lassen. Allerdings fällt es mir mit zunehmendem Alter immer schwerer, durch die Dachluke zu kriechen.

Ich beginne, Dir von meiner Familie zu erzählen – an vieles wirst Du Dich erinnern, Einiges ist Dir wohl neu:
Ich beginne mit meiner Familie väterlicherseits – gut patriarchalisch. Zu meinem Vater hatte ich eine sehr gute, kumpelhafte Beziehung (ich nannte ihn daher Sepp) – bis auf die Tatsache, dass ich kein Sohn bin, hatte er mich sehr gern.

Ich weiß, dass Ihr beide einander auch sehr gemocht habt – du nanntest in zärtlich „Seppi-Opa". Seltsam, wie ähnlich Du ihm geworden bist, was nicht nur mir auffällt – an unserem Zweitwohnsitz in einem Dorf im Burgenland sagen die Nachbarn immer wieder: „Der alte Doktor ist wieder da". Er hatte Welthandel studiert – übrigens mit Auszeichnung (was sich offenbar auf mich vererbte – leider auf Dich weniger) – und war kommerzieller Direktor der Verstaatlichten, d.h. über ihn lief der Ein- und Verkauf eines Großbetriebs. Er war  daher wie Sektionschef eingestuft – Gott sei Dank, denn weder er noch Mama konnten privat mit Geld umgehen. Er war kompetent, tüchtig, fair, humorvoll und warmherzig – also sehr menschlich, doch nicht im eigentlichen Sinn religiös. Im Krieg war er im Widerstand und konnte über vieles Schwere sehr humorvoll erzählen – etwa dass ihn die GESTAPO nicht erwischte, weil er sich nach dem missglückten HITLER-Attentat, an dem ja ein ganzes Netz des Widerstands beteiligt gewesen war, nicht gleich nach Jugoslawien absetzte: Er war damals gerade in Hainburg im Lazarett gewesen und hatte, wie alle Beteiligten, einen gefälschten Marschbefehl nach Jugoslawien. Er versteckte sich ein paar Tage beim Pfarrer von Hainburg, der auch im Widerstand war. Nach diesem Aufenthalt im Pfarrhof kam mein Vater auf die originelle Idee, meiner mit mir schwangeren Mutter rote Rosen, ihre Lieblingsblumen, zu bringen und fuhr daher nach Wien. Als er dann später nach Jugoslawien fuhr, waren die Züge nicht mehr kontrolliert, und so kam er heil durch das letzte Dreivierteljahr des Krieges. Galanterie gegenüber der eigenen Frau kann also lebensrettend sein. Durch eine Häufung von Schlaganfällen war er die letzten drei Lebensjahre ans Bett gefesselt und etwa auf dem Niveau eines Kindergartenkindes. Dieser Verfall eines Menschen, der für mich großen Vorbildcharakter hatte, war für mich schwer zu verkraften – und ich glaube, für Dich auch. Andererseits war ich ihm, da ich ihn ja zeitweise pflegte, auch nie so nahe.

Mein Vater hatte einen älteren Bruder, der 1938 von den Nazis verhaftet wurde – er wurde in todkrankem Zustand aus Dachau zurückgeschickt und starb mit knapp 29 Jahren (Übrigens wird in den meisten Geschichtsbüchern nicht berücksichtigt, dass die Nazis viele Todgeweihte aus Gefängnissen und KZs im letzten Moment heim-schickten, um die Sterbeziffern in diesen Lagern etwas „aufzufrisieren" – mein Vater konnte viel Interessantes aus dieser Zeit erzählen und wollte es immer in der Pension niederschreiben, kam aber durch die vielen Schlaganfälle nicht mehr dazu).

Meine Großmutter väterlicherseits starb, als mein Vater 15 war – ich kannte sie daher nicht. Mein Großvater väterlicherseits war ein gut situierter und sehr sparsamer Staatsbeamter, er wurde sehr alt (94), starb aber leider vor Deiner Geburt. Er stammte 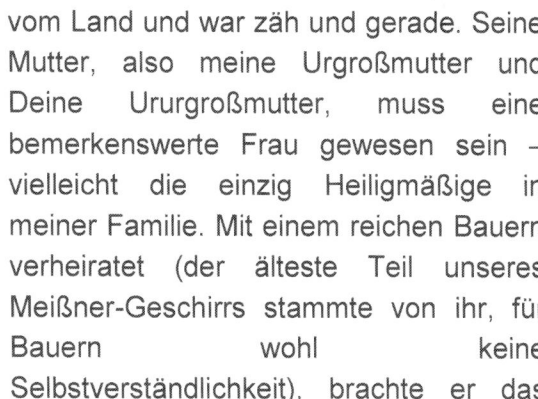 vom Land und war zäh und gerade. Seine Mutter, also meine Urgroßmutter und Deine Ururgroßmutter, muss eine bemerkenswerte Frau gewesen sein – vielleicht die einzig Heiligmäßige in meiner Familie. Mit einem reichen Bauern verheiratet (der älteste Teil unseres Meißner-Geschirrs stammte von ihr, für Bauern wohl keine Selbstverständlichkeit), brachte er das Geld durch (er dürfte gespielt haben – aber über manches wurde in der Familie diskret geschwiegen), verunglückte tödlich und ließ sie mit meinem noch kleinen Großvater und einer Menge Schulden sitzen. Sie verkaufte alles, um die Schulden abzuzahlen und ging als Magd. Sie soll wenig geschlafen, viel gebetet und gearbeitet - und nie geklagt haben (so etwa pflegte sie zusätzlich freiwillig Cholerakranke – sie verfügte über viel Naturheilrezepte, ich sah einmal ihre wunderschön geschriebenen Aufzeichnungen – leider hat man diese aus Unverständnis weggeworfen). Immerhin hat sie meinem Großvater ermöglicht, die Matura nachzumachen und einen sehr guten Posten im Staatsdienst zu bekommen. Ich glaube, hier habe ich gediegene Wurzeln.

Mütterlicherseits geht's etwas dekadenter zu. Meine Mutter war ein verwöhntes Einzelkind einer gutbürgerlichen (was immer das heißen mag) Familie. Obwohl durchaus begabt (auch sie hat mit Auszeichnung maturiert), blieb sie immer an der Oberfläche. Sie war weder berufstätig noch hat sie sich sozial oder im Haushalt engagiert – Kochen und Nähen waren ihr zuwider, ich habe daher aus Selbsterhaltungstrieb früh von meiner Großmutter kochen gelernt, was Du durchaus genossen hast und im Urlaub noch manchmal genießt. Aber wahrscheinlich machte gerade das ihren Charme aus. Erst im Alter wurde sie weicher und sehr liebenswert. Sie starb kurz nach ihrem 89. Geburtstag in meinen Armen.

Meinen Großvater mütterlicherseits kannte ich kam – er starb an einem Herzleiden, als ich drei Jahre alt war. Er war Direktor bei der Firma Pelikan / Günther Wagner. Seine Krankheit kostete in der Nachkriegszeit ein Vermögen, da die Medikamente aus den USA eingeflogen werden mussten, daher musste ein Haus mit Garten in Perchtoldsdorf verkauft werden.

Meine Großmutter mütterlicherseits war eine sehr hübsche, hausfrauliche, warmherzige Frau, wahrscheinlich auch intelligent, doch hatte sie außer Französisch Parlieren, zwei

Musikinstrumenten und Sticken und Kochen nichts Brauchbares gelernt. Leider wurde sie in den letzten Lebensjahren stark dement. Sie ging nur ein Mal im Jahr in die Kirche (Mariazellfahrt zum Muttertag) und schickte den Priester noch vom Totenbett weg, was mich bis heute bedrückt. Sie stammte aus einer gutbürgerlichen Wiener Familie mit Grund- und Hausbesitz in Wien, einer ihrer Brüder war Offizier und fiel jung in einem Duell, ihr Vater war mit dem berühmten Maler Makart befreundet, was offenbar viel Geld kostete, denn dieser Kreis führte ein recht lustiges Leben; immerhin schenkte er seiner Frau für jeden Seitensprung schönen Schmuck, durch dessen partiellen Verkauf meine Familie den Krieg und die Nachkriegszeit ganz gut überstand – man kann also auch Negatives zum Positiven wenden. Obwohl ich damals noch sehr klein war, kann ich mich an die „Spaziergänge" zum Resselpark erinnern, wo Transaktionen Schmuck gegen Mehl, Schmalz, Eier etc. stattfanden. Das meiste Geld aber war schon im Ersten Weltkrieg für Kriegsanleihen und die Aktion „Gold gab ich für Eisen" draufgegangen, im Zweiten Weltkrieg wurden die Urgroßmutter und beide Großelternteile komplett ausgebombt – so wurde eine eher reiche Familie nur mehr wohlhabend.
Wirklich tragisch aber war das Schicksal der Tochter der Schwester meiner Großmutter, also der Cousine meiner Mutter. Eindeutig die Hübscheste in unserer Familie, war sie zunächst mit einem preußischen Junker verlobt, der bereits 1939 fiel. Sie heiratete relativ bald darauf einen jungen Chirurgen. Da er nicht zur Partei ging, kam er gleich an die Front – und das Unglück begann. Ihm wurde ein Bein weggeschossen – die Amputation in einem Feldspital muss schlecht erfolgt sein, er hatte immer Schmerzen und dürfte Morphium genommen haben; außerdem musste er nach dem Krieg auf Haut- und Geschlechtskrankheiten umsatteln, weil er ja nicht mehr lange

stehen konnte. Die Tante und der gemeinsame Sohn wurden bei einem Bombenangriff verschüttet und mit heißem Wasser verbrüht – das Kind starb und wurde von seiner Großmutter zwischen zwei Bombenangriffen im Kinderwagen in einen Park geführt und verscharrt, die Tante hatte lebenslang schwere Brandwunden und war eher neurotisch, bei Verschütteten angeblich häufig. Nach dem Krieg bekamen sie eine Tochter, aber irgendwie schafften die vom Krieg angeschlagenen Eltern offenbar kein normales Familienleben – sie ließen sich scheiden – die Tochter beging Selbstmord, etwas später der Onkel, noch später die Tante. Du siehst, es gab viele „indirekte" Kriegsopfer, die kaum je mitbedacht werden.

Ich bin als Letzte noch übrig. Viel Sinn sehe ich in dieser Familiengeschichte nicht – ich versuche halt, das Beste daraus zu machen.

## *Kindheit*

Obwohl meine Kindheit in die Nachkriegszeit fiel, überwiegen die guten Erinnerungen. Erstens bekommt man als Kind Schwierigkeiten nur teilweise mit, zweitens ging es uns doch besser als den meisten anderen – so gut wie Dir natürlich nicht. Vieles kannst Du Dir nicht mehr vorstellen – etwa dass man nach dem Krieg schon als wohlhabend eingeschätzt wurde, wenn man ein eigenes Badezimmer oder einen Eisschrank hatte – das war ein Isolierschrank, für den zwei oder drei Mal pro Woche Eisblöcke geliefert wurden. In dem Park, an dem die elterliche Wohnung lag, waren zwei relativ große Wasserbehälter zum Löschen von Brandbomben – sie wurde erst einige Jahre nach dem Krieg zugeschüttet, planiert und durch Blumenbeete ersetzt. Auch das Einkaufen war schwieriger: Es gab keine Supermärkte, sondern lauter Einzelgeschäfte – im Wohnbereich meiner Eltern einen Greißler, zwei Fleischhauer, ein Gemüsegeschäft, eine Trafik und ein Ankerbrotgeschäft, das auch Milch und Milchprodukte führte und von einem Pferdewagen beliefert wurde. Man brauchte also den ganzen Vormittag zum Einkaufen, was aber nichts ausmachte, weil nur wenige Ehefrauen berufstätig waren.

Da meine Mutter eine große Vorliebe für die englische Sprache hatte, wurde ich in den amerikanischen Kindergarten gesteckt, was mir nicht wirklich gefiel. Er war ein Teil des Information Centers (heute Sacherecke), das offenbar der Entnazifizierung dienen sollte – was weder ich noch meine Familie nötig hatten. Außer mir gab es nur ein nicht-amerikanisches Mädchen, das halbe Österreicherin war – ihre Mutter war Englischprofessorin an einem Gymnasium, ihr Vater ein englischer oder amerikanischer Offizier, in dem Alter konnte ich das noch so genau unterscheiden. Die meisten anderen Kinder waren älter, ihre Väter waren vorwiegend US-Offiziere – dennoch waren die Kinder merkwürdig unerzogen oder vielleicht korrekter: antiautoritär verzogen. In mir klingt bis heute der Satz nach: They treated me like a doll – treat durchaus im Doppelsinn von behandeln und misshandeln. Was ich allerdings genoss, war, dass es Kaugummi und Coca Cola in offenbar unbegrenzter Menge gab. Ferner mochte und mag ich die fröhliche Art der Weihnachtslieder und des Weihnachtsfeierns inklusive ST CLAUS – die deutschen Weihnachtslieder klingen im Vergleich dazu wie ein Begräbnis Erster Klasse.

Im Sommer waren wir gern in der Oststeiermark auf dem Land – mein Großvater hatte dort schon früher zusammen mit einem Freund die Jagd gepachtet, was meine Eltern Gottlob aufgegeben haben. Dort begann meine Tierliebe – wenn meine Mutter mich verhauen wollte (ich war halt kein sehr braves Kind), kroch ich in die Hundehütte des Nachbarn und der Hund beschützte mich. Leider schenkte mir der Hund nicht nur seinen Schutz und seine Liebe, sondern auch seine Flöhe. Schon damals habe ich nicht verstanden, warum nur Menschen „in den Himmel kommen" sollen - jetzt erscheint mir diese Ansicht als eine der vielen undurchschauten Übernahmen des griechischen Denkens in die christliche Theologie: soma / sema – der Leib ist das Grabmal der Seele, nur die vernünftige Seele ist wertvoll – ein Denken, das übrigens schon gegenüber geistig Gehandicapten zu Schwierigkeiten führt. Die Bibel hingegen denkt ganzheitlich – der Schöpfungshymnus in Gen 1 bezeichnet die gesamte Schöpfung als gut, ja sogar als sehr gut, der erste große christliche Theologe Paulus verheißt in Röm 8 die Vollendung der gesamten Schöpfung. Aus zwei leicht nachvollziehbaren Gründen kann das gar nicht anders sein:

Erstens GOTT hat nicht nur Liebe, die Er dosieren könnte, Er IST die Liebe – daher liebt Er jedes Seiner Geschöpfe. Und zweitens ist GOTT Der, Der im Denken schafft – ein gedachtes / geschaffenes Geschöpf könnte nur ins Nichts verschwinden, wenn Er es vergäße – ein reichlich absurder Gedanke. Ich verstehe bis heute nicht, warum Du Hunde nicht magst.

An die Vier im Jeep kann ich mich nur sehr verschwommen erinnern, besser daran, dass die Soldaten mir oft Schokoladen schenkten, wobei ich rasch herausgefunden hatte, dass die amerikanischen Schokos weit besser waren als die russischen.

Was mich aber vom 3. bis zum 10. Lebensjahr am meisten begeisterte, war eine Kinderballett- und -theater-schule. In der 4. Volksschule hatte ich sogar die Hauptrolle im Raimundtheater – ich spielte einen etwas unartigen Engel namens Goldschöpferl, der aus dem Himmel abhaut, aber drei Wünsche frei hat. Die ersten beiden vertut er mit Unsinn – dann ist nur mehr ein Wunsch frei, um in den Himmel zurückzukehren. Aber schweren Herzens entscheidet sich der Engel, mit diesem dritten Wunsch armen Kindern zu helfen – gerade deshalb erscheint das Christkind (gespielt von Helma GAUTIER, die später wirklich den Schauspielberuf ergriffen hat) und nimmt mich in den Himmel zurück. Die Rolle machte mir viel Freude, und ich hatte tolle Kritiken – gerade deshalb musste ich mich auf Mamas Wunsch vom Theater verabschieden, weil sie immer besorgt war, ich könnte in ein „bohemienartiges Milieu"

geraten. Aufgrund dieser Sorge durfte ich auch nie Malkurse besuchen, obwohl ich hier wirklich Talent hatte.

Einige Menschen wurden für mich in der Kindergarten- und Volkschul-Zeit wichtig – du hast manche gar nicht mehr, manche nur flüchtig kennen gelernt. Zunächst ein schräger, doch sehr schneidiger Freund meiner Eltern aus der Widerstandszeit – Onkel BRUNO (in meiner Kindheit und Jugend durfte man ältere Erwachsene nicht mit Vornamen duzen, sondern musste sie mit Onkel oder Tante betiteln). Du kanntest ihn nur flüchtig, ich weiß nicht, ob Du Dich an ihn erinnerst. Er war überzeugter Sozialist und Atheist und kannte meinen Vater aus dem Widerstand – in diesen Gruppen war ja alles zusammengewürfelt, was nicht „braun" war. Seine Frau verliebte sich in einen SS-Mann und zeigte ihren eigenen Mann, also Onkel BRUNO, an – er wurde verhaftet und zum Tod durch Enthaupten verurteilt, vorher aber gefoltert. Er hat sicher niemand verraten, weil aus dieser Gruppe niemand sonst verhaftet wurde – aber ich kannte ihn nur weißhaarig, obwohl er kaum älter als mein Vater war. Jedenfalls kam er frei, weil der Krieg vor seiner Enthauptung zu Ende war. Ich habe ihn als einen sehr originellen Menschen in Erinnerung, der zuerst sehr viele „Tanten" zu Einladungen mitbrachte – dann aber eine sehr liebenswürdige Frau kennen lernte, mit der er eine gute Ehe führte und die er in ihrer Krebserkrankung wirklich rührend bis zu ihrem Tode pflegte. Meine erste deutliche Erfahrung, dass man auch ohne Religion ethisch sein kann.

Der zweite für mich wichtige Mensch war ein jüdischer Fabriksbesitzer, etwas jünger als mein Großvater – aber ich hatte ihn viel lieber. Er mochte mich auch, zumal seine Kinder als Folge der NS-Zeit in alle Welt zerstreut waren und erst allmählich zurückkehrten. Er brachte mir nicht nur die Liebe zu Pferden bei – er hatte den damals größten Rennstall in Wien -

und worauf man achten muss, um Wetten auf dem Rennplatz nicht immer zu verlieren. Er brachte mir auch bei, was vergeben bedeutet. Seine Firma war von seinem eigenen Prokuristen arisiert worden, dennoch stellte er ihn nach dem Krieg wieder ein mit der Begründung, es solle ihm und seiner Familie nicht so dreckig gehen wie ihm selbst im Krieg. Viel später habe ich verstanden, wie sehr JESU wiederholte Vergebensforderung im jüdischen Versöhnungstagsritual wurzelt – und dass mein Wahlopa es sehr konkret lebte. Er führte mich auch zum ersten Mal in die Oper, die damals noch im Theater an der Wien war – Hoffmanns Erzählungen, wobei mich die sehr mollige Ljuba WELITSCH nicht ahnen ließ, was eigentlich eine Kurtisane sei. Allerdings war dieser mein Ersatzopa im Gegensatz zu seiner Frau nicht orthodox, er ging sogar mit meinem Vater heimlich in ein Wiener Beisel in der Nähe des Café Brückel auf einen Schweinsbraten oder ein Blunzengröstl. Er starb durch einen ärztlichen Kunstfehler nach einer Mandeloperation (!), und ich habe diesen gütigen, humorvollen Mann immer vermisst.

Der dritte wichtige Mensch in meiner VS-Zeit war mein Katechet – so der damalige Titel von Kaplänen, die Religionsunterricht erteilten. Er war damals ein junger Kaplan in der noch schönen Kirche St Florian – wir wohnten ja im 4., doch an der Grenze zum 5. Bezirk -, der mit Kindern sehr gut umgehen konnte. Lang vor dem Vat. II nahm er uns am Sonntag während des Wortgottesdienstes in den Pfarrsaal, erzählte das Evangelium in kindgerechter Weise, und wir durften Fragen stellen und es nachspielen. Viel später wurde dieser Kaplan Pfarrer in Felixdorf – und es hat mich sehr berührt, dass er einmal zu mir in den Theologischen Kurs und auch zu meiner Ewigen Profess kam. Da zu meiner Ewigen Profess sehr viele Priester kamen, wirst Du Dich an diesen freundlichen alten Herrn nicht mehr erinnern können. Er ist erst vor kurzem gestorben.

Ich ging daher gern zur Messe, obwohl meine Eltern eher nur Weihnachten und Ostern eine Messe besuchten. Da meine Volksschule und später mein Gymnasium im 5.Bezirk lagen, ging ich in St Florian zur Erstbeichte und Erstkommunion – und war damals überzeugt, einmal eine Heilige zu werden – als Kind stellt man sich manches wohl etwas zu leicht vor. Damals schmerzte es mich sehr, dass meine Eltern nie die Kommunion empfingen – und, abgesehen von der Zeit meiner politischen Röteln, betete ich immer wieder darum, dass sich das ändern möge. Mein Gebet wurde erst zur Goldenen Hochzeit meiner Eltern erhört – für Gott spielt Zeit offenbar wirklich keine Rolle.

Last but not least möchte ich einige kinderlose Ehepaare nennen, allen voran ein sehr liebes Schweizer Ehepaar – für sie war ich irgendwie ein Kindersatz. Aber sie hatten später auch Dich ins Herz geschlossen.

Da ich ein Einzelkind bin, wurde ich in schulfreien Zeiten auch auf Dienstreisen mitgenommen, was mich eher zum Reisemuffel wandelte. Ich weiß, das verstehst Du nicht – aber Du hast Reisen nur von der positiven Seite kennen gelernt, vielleicht abgesehen von Kirchen- und Museumsbesuchen, die Du weniger mochtest als ich. Denn überall musste ich brav und artig dabeisitzen, wenn die Herren sich über Stahlpreise und die Damen über Kleider oder Gesellschaftstratsch unterhielten – beides interessierte mich nicht wirklich. Besonders bedrückend empfand ich die Reisen nach Ex-Jugoslawien. Da viele führende Herren in der Verstaatlichten offenbar eine etwas braune Vergangenheit hatten, wurde mein Vater, weil astrein, in heikle Gebiete geschickt. Ich erinnere mich in Ex-Jugoslawien noch an Kinder, die um Kaugummi bettelten, sobald wir mit dem Auto in einer Ortschaft anhalten mussten, und an ein erschreckend buntes und furchtbar schmeckendes Eis, das ich in einem Kohlenbergbauort kredenzt bekam und aus Höflichkeit hinunterwürgen musste – ich habe dann jahrelang kein Eis gegessen.

Am Ende der Volksschulzeit erlebte ich schon recht bewusst den Staatsvertrag. Freunde meiner Eltern hatten eine Wohnung in der Prinz-Eugen-Straße, wir saßen am Fenster und sahen Figl und alle Außenminister der Alliierten in ihren Kabrios vorbeifahren. Figls berühmte Satz „Österreich ist frei" war über Lautsprecher zu hören, der Jubel der im Belvedere versammelten Menschen auch ohne Lautsprecher.

Im großen und ganzen war meine Kindheit schön.

## *Gymnasialzeit*

Auch die Gymnasialzeit habe ich in positiver Erinnerung, allerdings nicht mehr so unbeschwert wie die VS – nicht etwa wegen Lernschwierigkeiten (ich hatte ohne größere Anstrengungen immer einen Vorzug), sondern weil ich besonders in der Oberstufe zunehmend auch die Frage nach dem Sinn meines Lebens stellte, aber kaum ernst genommen wurde. Bei Dir war es umgekehrt – Du hattest in der Oberstufe Lernschwierigkeiten, aber zu einer tiefen Auseinandersetzung mit dem Sinn des Lebens hast Du Dich bis heute nicht aufgerafft. Naja, vielleicht kommt das noch – Männer sind ja immer etwas später dran.

Die Unterstufe war noch stark von meiner Liebe zu Pferden beherrscht, und ich war glücklich, in einen Reitclub gehen zu dürfen – leider existiert die schöne Reithalle aus der Monarchie im 3. Bezirk nicht mehr, was mich wundert, da sie sicher unter Denkmalschutz stand. Und ich verliebte mich heftig in meinen Reitlehrer. Nachdem diese Teenager-krankheit vergangen war, war mir zum ersten Mal voll bewusst, dass es gut ist, nicht alles zu bekommen, was man sich wünscht. Am meisten aber liebte ich ein ungarisches Warmblut namens TURUL, zugeritten auf alle Dressurklassen – und sehr merkwürdig. Zwischen uns beiden entstand eine Liebe auf den ersten Blick, und TURUL hätte nicht mal die leiseste blöde Bewegung gemacht, um mich abzuwerfen. Andere, viel bessere Reiter hingegen brachte er gekonnt es aus dem Sattel, wenn er sie nicht mochte.

Gleich am Anfang meiner Gymnasialzeit fand der Ungarnaufstand statt. Ich habe meinen Vater nur zwei Mal in meinem Leben weinen gesehen – als dieser Aufstand niedergeschlagen wurde und 1991, als mein Mann, Dein Vater, tödlich erkrankte. Unsere Schulklasse übernahm die Patenschaft für eine ganze Familie, bis diese nach Australien auswandern konnte. Und da wir ein Auto hatten, was damals noch keine Selbstverständlichkeit war, führte mein Vater in jeder freien Minute Flüchtlinge von der Grenze in die vorgesehenen Auffanglager.

Die Oberstufe war ausgefüllt mit Tanzschule (eher fad, zum  Glück gingen einige nette Schulkollegen auch hin, mit einigen bin ich bis heute befreundet), Bällen (in der Maturaklasse brachte ich es auf sieben oder acht Eröffnungen, darunter der Opernball), ferner Konzerte, Theater- und Opernbesuche. Außerdem verliebte ich mich sehr oft. Den Opernball eröffnete ich mit einem sehr netten deutschen CVer, der in Wien ein Auslandsjahr absolvierte – er war dann so etwas wie ein Landeshauptmann in Köln – bei den Deutschen heißt das anders, ich habe aber vergessen, wie -, leider starb er schon vor einigen Jahren an einem Herzversagen. Es waren auch sehr nette Freunde meiner Eltern auf diesem Opernball. Besonders interessant fand ich den österreichischen Militärattaché in England, den meine Eltern offenbar auch aus dem Widerstand kannten. Da er Russisch konnte, war er Ende 1944 oder Anfang 1945 zu Verhandlungen mit den Russen geschickt worden, wurde aber, vielleicht weil er einen Adelstitel hatte (er war ein Nachkomme des Wallenstein-Mörders), nach Sibirien geschickt. Er machte dort das Gelübde, dass er im Falle seiner Feilassung jeden Tag eine Hl Messe besuchen werde, was er meines Wissens auch einhielt. Er war mit einer Engländerin verheiratet, an deren Pudding ich mir einmal schrecklich den Mund verbrannte, weil ich nicht wusste, dass dieser heiß serviert wird. Mein Terminkalender war jedenfalls voll wie der eines Managers, allerdings nicht mit Arbeit, sondern mit Vergnügungen. Regelmäßig besuchten wir die Salzburger Festspiele – den Jedermann habe ich sieben oder acht Mal gesehen -, fallweise auch die Bregenzer Festspiele, aber auch Freunde meiner Eltern, die im Salzkammgut Urlaub machten. Hier mochte ich besonders gern einen mit den Eltern befreundeten Rechtsanwalt, der Freimaurer und ein ungemein gutherziger und sozial eingestellter Mann war; er hatte eine Villa in Ischl. Ferner ein altes jüdisches Ehepaar – er war ein sehr kunstverständiger Mensch, sie der Typ ein jiddischen Mama, die leider keine eigenen Kinder hatte.

Dennoch fehlte mir ein letzter Sinn, was meine Eltern und Lehrer offenbar nicht merkten. Das steigerte sich seltsamer Weise zu einer Todessehnsucht besonders auf schönen Bällen – beim Linkswalzer-Fleckerln (ein beliebter Sport in diesem Alter) hatte ich immer wieder das Gefühl, mich in die Ewigkeit hineindrehen zu wollen. Kurze Zeit fand ich einen

Gesprächspartner in einem alten Pater aus Stift Seckau, d.h. vielleicht war er gar nicht so alt, aber mit 16 stuft man ja jeden über 60 als Greis ein. Ich habe ihm endlose lateinische Briefe geschrieben, was mir irgendwie passend vorkam. Er war zu höflich oder zu pädagogisch, diesen Spleen zu kritisieren. Ferner begann ich erstmals über andere Weltanschauungen nachzudenken – zunächst über den Protestantismus, und nicht nur, weil ich damals gerade in den Sohn des evangelischen Stadtpfarrers verknallt war, dann auch über den Marxismus. Für meine Eltern war das aus gesellschaftlichen Gründen „pfui", sie setzten sich daher nicht mit meinen Fragen auseinander, weil für sie mein bürgerlicher Weg vorprogrammiert war.

Vor meiner Matura erlebte ich zwei traurige Ereignisse: privat - meine Cousine beging mit 17 Jahren Selbstmord, weil ihre Eltern sich scheiden ließen -, und von allgemeiner Bedeutung: Papst JOHANNES XXIII starb. Ich habe ihn nicht nur als besonders gütigen Menschen in Erinnerung, sondern erfasste erst später auch seine kirchenpolitische Bedeutung: Die Einberufung des II. Vaticanums war die wohl einzige kirchliche Reform „von oben" im Laufe der Kirchengeschichte. Ich möchte Dich gleich auf wichtige Punkte aufmerksam machen – denn eine objektiv sinnvolle Reform ist eine Sache, sie subjektiv auch als eine solche zu erkennen, eine andere. Ich fürchte, viele Menschen, ja, auch viele Katholiken, haben bis heute das Geschenk des 2. Vaticanums nicht verstanden.

Jedenfalls lebte ich irgendwie auf zwei Ebenen: einer amüsanten bürgerlichen und einer von tiefem Suchen und tiefer Sehnsucht geprägten anderen Ebene – ich wollte mehr als ein bürgerliches Leben.

## *Die große Glaubenshilfe durch das 2. Vaticanum*

Ich war ja gerade in der 8.Klasse Gymnasium, als das 2.Vaticanums eröffnet wurde. Die Eröffnung wurde über die Klassenlautsprecher übertragen – aber ich fürchte, weder ich noch meine Mitschüler konnten auch nur annähernd die Bedeutung dieses Ereignisses erfassen. Mir waren damals Kleider und Reitstunden bedeutend wichtiger. Jetzt – alt und hoffentlich auch etwas weiser geworden – scheint mir das neue Kirchenverständnis besonders wichtig.

Dieses neue Verständnis wurde gleich in der ersten Konstitution (Sacrosanctum Concilium, abg. SC) deutlich: Die Kirche wird nicht mehr als streng hierarchischer Klerikerklub verstanden, sondern – gut biblisch - als GOTTESvolk, in dem jedes Glied eine individuelle Berufung hat und in der für jeden die eigene Berufung die wichtigste und höchste ist. Und als Leib CHRISTI – wie sich in JESUS das Wesen GOTTES, die Liebe, verleiblichte, so sollte sie sich in jedem Glied der Kirche weiterhin verleiblichen. Das wieder gewonnene Verständnis zeigt sich u.a. in der Liturgiereform, die eine aktive Beteiligung aller ermöglicht und die m.E. noch nicht beendet ist.

Zu dem neuen Kirchenverständnis gehört für mich ganz wesentlich die Ökumene: „Ecclesia subsistit in Ecclesia catholica (non est)", „Die Kirche konkretisiert sich in der Katholischen Kirche" (Nicht „Die Kirche IST die Katholische Kirche") (Lumen Gentium, abg.: LG 1/8). Meine Freude darüber hatte und hat bei mir zunächst durchaus subjektive Gründe, die schon in meiner Kindheit wurzelten: meine besten Schulfreundinnen war zufällig evangelisch, mein Wahlopa, den

ich lieber mochte als meinen leiblichen, war Jude – ich habe Dir schon von ihm erzählt - und in der Volkschule lernten wir noch gemäß dem Konzil von Florenz-Ferrara (1442, DH 1351), dass alle Nicht-Katholiken automatisch in die Hölle kämen, was mich als Kind sehr traurig stimmte. LG hat dies elegant geändert – „ergänzt" (Dogmen sind ja irreversibel): in LG 2 / 16 spricht von einer abgestuften Hinordnung zum Gottesvolk – Katholiken, andere Christen, andere Religionen und last but not least - ich zitiere wörtlich: ...Die göttliche Vorsehung verweigert auch denen das zum Heil Notwendige nicht, die ohne Schuld noch nicht zur ausdrücklichen Anerkennung GOTTES gekommen sind (meinen ersten Rosenkranz betete ich für STALIN, nachdem er am 5.3. 1953 gestorben war und ich aus Gespräch der Erwachsenen mitbekommen hatte, dass er sehr böse war und daher sicher meinen Rosenkranz brauchen könne).
Zuletzt möchte ich daran erinnern, dass GS (Gaudium et Spes) von dem positiven Menschenbild der GOTTebenbildlichkeit ausgeht – ich habe über die Ebenbildlichkeitslehre bei FICHTE dissertiert, sie hat mich immer fasziniert. Daher werden in GS und in DH (Dignitatis Humanae) Freiheit, Verantwortung und Gewissen in einer Weise betont, die ein würdiges Pendant zur AMRE (Allgemeinen Menschenrechtserklärung) darstellen. Dazu gehört auch die Anerkennung der relativen Autonomie der irdischen Wirklichkeiten, die Freiheit wissenschaftlicher Forschung und die in einer eigenen Konstitution (DV: Dei Verbum) geforderte Hochschätzung der Bibel und die Anwendung moderner exegetischer Methoden, die ich sowohl bei meinem Erststudium (Klassische Philologie) als auch bei meinem leider schon verstorbenen Lehrer Univ. Prof. KREMER recht gründlich lernte.

Zusammenfassend: Ich erlebe das Vat II als eine Öffnung der Kirche – weniger zur Welt, sondern für den GOTTESGEIST, um in der Welt als Werkzeuge dieses guten Geistes zu wirken.

Ich sehe, dass erst ein Bruchteil des Konzils verwirklicht ist. Das ist aber normal - Konzilien werden ja immer dann einberufen, wenn es Probleme theoretischer und / oder praktischer Art gibt. Und die Konzilsväter bemühen sich um Kompromisse, um ein Auseinander-brechen der Kirche zu verhindern. Das war schon beim sogenannten Apostelkonzil so – ich lade Dich ein, einmal Apg 15 mit dem Galaterbrief zu vergleichen: Auch damals gab es Differenzen zwischen „Progressiven" und „Konservativen", auch damals wurden Kompromissformulierungen gefunden, auch damals gingen die Streitigkeiten weiter, auch damals dauerte die Realisierung lange. Das soll aber keine Ausrede sein – Konzilien verwirklichen sich nicht von selbst.

Daher sehe ich die Folgen ambivalent – was mir am meisten abgeht:

Das neue Kirchenverständnis hat eine stärkere Kollegialität der Bischöfe mit dem Papst festgeschrieben, von der wenig Gebrauch gemacht wird. In der Ökumene wäre für mich ein wichtiger Schritt, endlich die beiden Kirchenrechte unter demselben Oberhaupt zu vereinheitlichen: Derzeit haben wir zwei Kirchenrechte unter einem Papst, das R.K. und das Unierte – diese lassen wiederverheiratete Geschiedene zu den Sakramenten und verheiratete Männer zur Weihe zu. Diese Vereinheitlichung wäre daher nicht nur ein wichtiger Schritt in Richtung der Orthodoxen und Protestanten, sondern würde auch zwei heiß umstrittene Probleme vielleicht nicht beseitigen, jedoch mildern. Von Regelungen auf eigene Faust oder „Ungehorsam" halte ich hier wenig. Der jüngst verstorbene Bischof STECHER hat in seinem bekannten Brief an Medard KEHL eine Güterabwägung empfohlen: Der Auftrag, Eucharistie zu feiern, geht direkt auf JESUS zurück, der Pflichtzölibat ist eine kirchliche Einrichtung aus dem 12.Jh. Und bzgl der Evangelischen Kirchen müsste wirklich der Grundunterschied, die Frage der geschaffenen Gnade, d.h. ob und wie weit Gnade den Menschen verändert, angegangen werden – denn daran hängt auch das Amts- und Sakramentsverständnis.

Diese oben genannte Kollegialität schiene mir besonders wichtig angesichts der zunehmenden Wirtschaftsglobalisierung. Wir stehen vor dem Dilemma: Einerseits: Wirtschaft ist für das materielle Überleben der Menschen unbedingt notwendig und funktioniert, sich selbst überlassen, am besten. Andererseits: Die sich selbst überlassene Wirtschaft stört nicht nur viele berechtigte Bedürfnisse der Menschen, sondern zerstört auch letztlich ihre eigenen Produktionsmittel, die Welt und die Arbeitskraft. Wir brauchen daher eine außerwirtschaftliche Instanz, die diese Probleme im Sinne des friedlichen Zusammenlebens der Menschen löst. Früher war das der Staat. Heute wären internationale, also staatsübergreifende, Regulierungen dringend notwendig, denn wenn die Wirtschaft globalisiert ist, muss es auch die Politik und Ethik sein. Ich zitiere aus H. KÜNGs „Anständig wirtschaften", *„Weltpolitik und Weltwirtschaft verlangen nach einem Weltethos".* Ähnlich sieht es Kardinal Reinhard MARX (in: Das Kapital. Ein Plädoyer für den Menschen. München 2010) – als Absolvent der WU müsste Dich das interessieren.

Da die Katholische Kirche die einzige nicht-föderalistisch organisierte Großkirche ist, hätte gerade sie die prophetische Aufgabe eines ethischen Gegengewichts in Weltpolitik und Weltwirtschaft. Latein-amerika und Afrika würden sich als „Übungsfelder" der KSL (der Katholischen Soziallehre) anbieten.

Ich sehe also das Konzil erst in nuce eingelöst. Es wird an uns allen, vor allem aber an den Bischöfen, liegen, ob und wie weit das Konzil frommer Wunsch bleibt oder Wirklichkeit wird. Da würde ich mir mehr Engagement von Deiner Generation wüschen.

## *Schöpfung und Evolution*

Da ich weiß, dass Du nicht gern über religiöse Fragen nachdenkst, möchte ich Dir ein paar einfache Gedanken zu manchen oft falsch verstandenen Themen anbieten.
Gleichgültig, welcher Datierungstheorie man huldigt, ist Gen 2 älter als Gen 1. Und beide Texte wollen keine Theorie der Weltentstehung bieten. Der Dichter von Gen 2 will mit bildhaften Legenden die Frage beantworten, warum wir Menschen uns in einer von Schuld, Leid und Tod mitgeprägten Welt vorfinden, obwohl diese Welt von einem allgütigen und allmächtigen GOTT geschaffen sein soll. Und diese Frage geht uns heute sicher genauso an wie vor 2500 Jahren. In dieser Erzählung GOTT formt den Menschen (ADAM, d.h. Erdling) aus Ackerboden (*adamah*) und bläst ihm Seinen Lebensatem ein – der Mensch hat also etwas von der Erde und etwas von GOTT, steht zu beiden in einer unlösbaren Beziehung. Wer auch nur ein Mal das Sterben eines Menschen miterlebt hat, weiß, dass wir weder mit all unserer menschlichen Liebe noch mit modernen Geräten den Lebensatem dieses Menschen auf Dauer zurückhalten können, dass dieser Atem das Geschenk eines Anderen, eines Höheren ist. Und GOTT stellt diesen von Ihm geschaffenen Erdling fürsorglich in einen schönen Garten. Die beiden Bäume in der Mitte symbolisieren das, was nur von GOTT geschenkt werden kann – geglücktes Leben und wahre Erkenntnis. Die Aufgabe des Bebauens und Behütens gestattet dem Menschen einen verantwortungsvollen Gebrauch, aber keineswegs eine Ausbeutung der Umwelt, in die GOTT ihn

gestellt hat. Den einzigen Dank, den GOTT für diese großzügige Grundausstattung erwartet, ist, dass wir unser Lebensglück und unser Erkennen vertrauensvoll aus Seiner Hand annehmen und es uns nicht misstrauisch eigenmächtig nehmen wollen (Essen vom Baum des Lebens und der Erkenntnis). Wenn wir aber davon essen, fallen wir aus dem ursprünglichen Vertrauen heraus und an die Stelle guter Beziehungen treten entfremdete – wir „sterben", wir werden zu lebenden Toten.

„Rippe" ist ein Bild für die Wesensgleichheit von Mann und Frau; im Deutschen drücken wir die Verwandtschaft etwas anders aus – wir sagen: dasselbe „Fleisch und Blut". Ein jüdisches Sprichwort deutet die Rippe so: Die Frau ist nicht aus dem Haupt des Mannes geschaffen, damit sie nicht über ihn herrsche, aber auch nicht aus seinen Füßen, damit nicht er über sie herrsche, sondern aus seiner Rippe, die seinem Herzen nahe ist – damit sie einander lieben. Die Freude ADAMs über seine Partnerin hat etwas Rührendes an sich. Im Hebräischen liegt ein Wortspiel zugrunde: isch heißt Mann und ischáh Frau, deshalb bevorzuge ich die Übersetzung mit „Männin". *Gen 2,23: Und der Mensch / Mann sprach: Das endlich ist Bein von meinem Bein /*
und Fleisch von meinem Fleisch. / Frau / Männin soll sie heißen, / denn vom Mann ist sie genommen.
Dass Mann und Frau „ein Fleisch" werden, meint nicht nur die körperliche Vereinigung. Die Bibel hat – im Gegensatz zur griechisch-römischen Philosophie - ein ganzheitliches Menschenbild: „Seele", „Herz", „Fleisch" etc. meinen nicht Teile, aus denen der Mensch zusammengesetzt ist, sondern Aspekte des ganzen Menschen. „Sie werden ein Fleisch" meint also, sie werden eine personale Einheit. „Fleisch" hat aber im Hebräischen auch die Nuance von „Mensch als hinfälliges, hilfsbedürftiges Wesen" – Mann und Frau sollen also eine personale Einheit werden, um einander in ihrer Hilfsbedürftigkeit, in ihrer Endlichkeit, beizustehen – ähnlich, wie

wir bei der Eheschließung Treue nicht nur in guten, sondern auch in schlechten Zeiten versprechen. Dass sie sich in ihrer Nacktheit nicht voreinander schämen, drückt in feinfühliger Weise aus, dass ihre Beziehung heil und geglückt war, denn wir schämen uns dort zu Recht, wo wir das Niveau einer zwischenmenschlichen Beziehung unterbieten, keineswegs nur auf sexuellem Gebiet. Nacktheit meint aber auch, dass der paradiesische Mensch offen auf den anderen zugehen konnte, ohne eine Maske oder gar Rüstung zum Selbstschutz zu brauchen – Menschen, die das heute versuchen, riskieren viel, oft sogar ihr Leben.

So komponiert der Autor seine Erzählung: GOTT stellt jeden Menschen in ein „Paradies", also in heile Beziehungen - zu GOTT, zur Umwelt, zum Mitmenschen - und dadurch zu sich selbst. Und bis heute glückt menschliches Leben umso mehr, je heiler diese Grundbezüge sind.

Die Frau wird schuldig, weil ein äußerer Anlass und ein innerer Grund zusammenkommen. Die Schlange symbolisiert die Versuchung durch äußere Umstände - sie ist auch ein Geschöpf GOTTES, die Frage, wieso sie böse ist, wird nicht gestellt; klar ist nur, dass die Bibel das Böse nicht auf GOTT zurückführt, sondern auf böse gewordene Geschöpfe. Der innere Grund ist, *wie Gott sein zu wollen,* d.h. das Lebensglück selbst in die Hand nehmen zu wollen, weil man GOTT letztlich doch nicht traut, dass Er es gut mit uns meint. Und dem Mann ergeht es ebenso. Mit dem Misstrauen gegen GOTT zerbrechen die heilen Beziehungen – zunächst die innigste, die zwischen Mann und Frau. Sie schämen sich voreinander, weil sie einander fremd geworden sind - das harmonische Miteinander von Mann und Frau wird durch das kalte Nebeneinander zweier Singles abgelöst. Das Misstrauen gegen GOTT zerstört selbstverständlich auch die heile GOTTESbeziehung –

Misstrauen und Furcht hat Vertrauen und Liebe abgelöst. Und die Menschen schaffen es nicht einmal, zu ihrem Fehler zu stehen – der Mann schiebt sein Versagen auf die Frau, die Frau auf die Schlange. Durch all das werden sie aus dem „Paradies" vertrieben und leben in der Entfremdung – ein Zustand, den wir leider nur zu gut aus unserer eigenen Erfahrung kennen.

Die ersten Kapitel der Hl Schrift bieten also keine „Urgeschichte" im historischen Sinn, also keinen Report über längst vergangene Zeiten – da würden sie tatsächlich in Widerspruch sowohl zu Natur- als auch zu Geschichtswissenschaften geraten. Denn sie wollen kein Bericht über etwas sein, was längst vergangen ist und uns daher nichts mehr angeht, sondern Bilder von den Grundlagen unseres Lebens, die uns bis heute betreffen.

So verstanden können Schöpfungsglauben und Evolutionstheorie einander gar nicht widersprechen. Die biblischen Autoren wollen die existentiellen Grundfragen des Menschen beantworten: Woher komme ich? Wohin gehe ich? Hat mein Leben einen Sinn? Woher stammt das Böse? Dazu bedienen sie sich verschiedener literarischer Gattungen wie einer Legende (Gen 2-3) oder eines Liedes (Gen 1). Diese Grundfragen und Grundantworten sind dem Bereich der Weltanschauung / Weltdeutung zuzuordnen.

Die Evolutionstheorie versucht nach dem gegenwärtigen Stand der Wissenschaft das Werden und Sosein des Kosmos zu erklären, gehört also in den Bereich des Weltbildes, der Zusammenschau des jeweiligen Wissensstandes einer Kultur. Diese Unterscheidung von Weltdeutung und Weltbild hat die Bibel selbst gleich auf der 1. Seite gemacht, indem der Schöpfungshymnus das Weltbild der Babylonier übernahm, nicht aber deren Weltdeutung – denn für die Babylonier waren Himmel, Erde und Meer und Sonne, Mond und Sterne selbst

Götter, für die Juden bloße Geschöpfe GOTTES (man nennt die Abwendung von einer mythischen Weltdeutung, die Geschöpfe für Götter hält, Entmythologisierung). Es ist seltsam, dass die Bibel diesen Unterschied kannte, die Kirchengeschichte sehr lange nicht – sonst hätte es nicht den leidigen Fall GALILEI gegeben.

Es wäre eigentlich ganz klar:

Die Evolutionstheorie gehört zum heutigen Weltbild. Sie erklärt das Was und Wie der Entwicklung des sichtbaren, d.h. raum-zeitlich-materiell strukturierten, Kosmos

Der Schöpfungsglaube gehört zur religiösen Weltdeutung – er fragt nach dem Warum und Wozu des Kosmos, vor allem des Menschen.

## *Erstes und zweites Studium*

Zunächst schienen meine Eltern Recht zu behalten – nach unzähligen Flirts war ich gut drei Jahre (die ausgehenden Gymnasial- und beginnende Uni-Zeit) mit einem CVer leiert  (links im Bild, recht mein Opernballpartner) – rückblickend eine schöne Zeit. Ich studierte Latein-Griechisch mit Archäologie und Alter Geschichte im Nebenfach für das Lehramt und lernte durch ihn das Verbindungsleben kennen und lieben. Doch noch immer war ein letztes Suchen in mir – ich begann, fast fertig mit dem ersten Studium, Reine Philosophie zu studieren, und dieser Bereich war zu jener Zeit ganz auf die 68er Philosophie eingestellt. Ich geriet in eine mir neue, revolutionäre, zunächst spannende Welt – wendete mich von der bürgerlichen Sphäre und meinem CV-Freund ab (er hat später eine sehr nette und kluge Frau gefunden – und wir sind heute die besten Freunde) und wurde rot, röter, am rötesten und natürlich Atheist. Diese Zeit habe ich als sehr dunkel in Erinnerung, obwohl ich mir einredete, nun endlich emanzipiert zu sein. Da ich das Lehramtsstudium mittlerweile abgeschlossen hatte und meine Eltern darauf bestanden, ich müsse mich selbst erhalten, konnte ich Philosophie nur neben meiner Tätigkeit als Gymnasiallehrer studieren. Dennoch brachte gerade dieses Studium die Wende, und meine Pedanterie erwies sich als Glück. Ich las MARX, austromarxistische Werke und Werke der Frankfurter Schule – und erkannte zunehmend den ihnen zugrunde liegenden Denkfehler.

Obwohl Du für dieses Denken nicht anfällig zu sein scheinst, möchte ich Dir die wesentlichen Grundzüge skizzieren, weil sie bis heute weiterwirken. "Ideologie" ist zu einem Modeschimpfwort zwischen einander wider-sprechenden Weltanschauungen geworden. Will man die Entscheidung für bzw. gegen eine Weltanschauung nicht ganz dem subjektiven Empfinden anheimstellen, muss man für eine solche Entscheidung Gründe suchen - wie die Philosophie und Fundamental-theologie eine Begründung für die christliche Weltanschauung versucht.

Der Mensch als instinktreduziertes Wesen muss seine Erkenntnis-struktur erst aufbauen. Um dies möglichst rationell erreichen zu können, hat er einen natürlichen Hang, bewährte Erkenntnisse auf andere Bereiche auszudehnen. Wo dies begründet geschieht, spricht man von "Transfer". Geschieht diese Erkenntnisübertragung aber zu Unrecht, spricht man von "Vorurteil". Vorurteile sind daher oft gar nicht leicht durchschaubar, weil das ihnen zugrundeliegende Urteil richtig war und nur seine Verallgemeinerung unbegründet ist. Ich weiß, dass Du selbst zu Vorurteilen neigst und bitte Dich daher weiter zu lesen, auch wenn Du dabei vielleicht Einige Deiner kleinen Grauen Zellen strapazieren musst. Aber Du wirst dann Entwicklungen unserer Zeit besser verstehen können. Beispiel: Du kennst einen schlampigen Türken und schließt, alle Türken seien schlampig. Schon der gute alte ARISTOTELES hat in seiner immer noch gültigen Logik darauf aufmerksam gemacht, dass man nur vom Allgemeinen auf das Besondere mit Sicherheit schließen kann („Alle Menschen müssen sterben" – „Auch der Türke Ali muss sterben"), aber nicht umgekehrt.

Eine solch unbegründete Verallgemeinerung kann aber auch auf wissenschaftlichem Gebiet geschehen - und eine solche möchte ich als Ideologie bezeichnen. Eine Ideologie liegt also in meinem Verständnis dann vor, wenn ein Denkmodell, das eine TEILwirklichkeit richtig erklärt, für eine Erklärung der GESAMTwirklichkeit ausgegeben wird. Auf der Tatsache, dass die Ideologien eine Teilwirklichkeit richtig erklären, beruht ihre Gefährlichkeit - nämlich dann unhinterfragt für eine Erklärung der Gesamtwirklichkeit gehalten zu werden. Allerdings muss es Motive dafür geben, dass diese falsche Verallgemeinerung von breiten Kreisen akzeptiert wird, was erklärt, warum nicht alle Ideologien gleichermaßen geschichtsmächtig wurden. Eine akzeptierte Ideologie zeigt - meist recht massive – negative praktische Auswirkungen.

Ideologien sind also verkürzte und daher verzerrte Wirklichkeitsauffassungen. Um zu überprüfen, ob eine Weltanschauung ideologisch ist oder nicht, muss man Gottlob nicht das gesamte Denksystem einer Weltanschauung durchstudieren. Denn diese Verkürzung muss sich bei jeder Ideologie bereits in ihrem Grundansatz (Axiom) zeigen, weil eine Theorie, die Gesamtwirklichkeit zu erklären beansprucht , widerspruchsfrei auf sich selbst anwendbar sein muss, da sie selbst ja auch ein Teil von Gesamtwirklichkeit ist. Ist also ein Axiom, als Grundsatz zur Erklärung einer Teilwirklichkeit genommen, widerspruchsfrei, doch als Grundsatz zur Erklärung der Gesamtwirklichkeit verstanden, widersprüchlich, liegt eine Ideologie vor. Die ideologische, also verkürzte und verzerrte, Wirklichkeitsdeutung braucht außerwissenschaftliche Gründe, um von einer breiten Masse akzeptiert zu werden, zeigt sich in der Widersprüchlichkeit ihres Grundansatzes und hat (oft verheerende) praktische Auswirkungen.

Diese Grundwidersprüchlichkeit lässt sich bei allen drei großen Ideologien des 19. / 20. Jhs. zeigen – dem Marxismus, dem

(Neo)Positivismus und dem Nationalsozialismus. Mir wurde diese Problematik jeder Ideologie zunächst am (Neo)Positivismus bewusst, der auf einer falschen Verallgemeinerung des naturwissenschaftlichen Methodentyps beruht. Der große Erfolg der Naturwissenschaften verleitete und verleitet immer wieder dazu, ALLES naturwissenschaftlich erklären zu wollen. Dabei ist die Selbstbeschränkung auf die Erforschung der materiellen Wirklichkeit völlig korrekt, solange nicht behauptet wird, dass diese materielle Wirklichkeit deshalb (!) die einzige Wirklichkeit überhaupt sei, weil der naturwissenschaftliche Methodentyp nur auf die anwendbar ist. Der Positivismus verwechselt also das abstrakte WirklichkeitsMODELL der Naturwissenschaften, die Beschränkung der Wirklichkeit auf empirische Realität, mit der Wirklichkeit selbst.

Auch der Marxismus bzw. Neomarxismus versucht, mit dem in sich richtigen und wichtigen Denkmodell der Ökonomie die Gesamtwirklichkeit zu erklären, d.h. hält die Wirtschaft für die eigentliche Wirklichkeit. Der Wirtschaftsprozess entfaltet sich nach MARX im Klassenkampf, der erst mit der Aufhebung der Privatwirtschaft und der klassenlosen Gesellschaft endet.

Die Marxsche Philosophie-Ökonomie wurde theoretisch verschieden interpretiert, praktisch verschieden realisiert. Heute befinden sich alle marxistischen Strömungen in einer Krise, die einerseits auf der Nicht-Reduzierbarkeit von Wirklichkeit auf Wirtschaft, andererseits auf der Nicht-Konkurrenzfähigkeit der marxistischen Wirtschaft beruhen.

Der klassische Marxismus weist deutliche Widersprüche auf:

In der Theorie: Wären alle geistigen Wirklichkeiten abhängig von der ökonomischen Basis, ist der Wert der marxistischen Philosophie unklar: Entweder sie ist auch "Ideologie" (MARX hat ein anderes Ideologieverständnis – Ideologie ist für ihn

„Überbau" der sozio-ökonomischen Verhältnisse), dann fällt ihr Wahrheitsanspruch und damit die Berechtigung zum Klassenkampf weg; oder sie ist als einzige geistige Wirklichkeit keine Ideologie, dann stimmt ihre eigene Grundannahme nicht, dass ALLE geistigen Wirklichkeiten von der Wirtschaft abhängen. Ferner: Die Behauptung, alles sei geschichtlich, ist entweder auch geschichtlich - dann ist unklar, wann sie gilt -, oder sie beansprucht übergeschichtliche Gültigkeit - dann widerspricht sie sich selbst.
In der Praxis: Die theoretische Verzerrung hat praktische Konsequenzen - die marxistische Philosophie wird zur "Parteidisziplin", die die Freiheit und persönlichen Bedürfnisse des Einzelnen ausschaltet, und zur "Wirtschaftsplanung", die in die Selbststeuerung der Wirtschaft pfuscht, ohne damit soziale Ziele erreichen zu können (eine halbverhungerte Kuh gibt bekanntlich wenig Milch).

Bei der Frankfurter Schule liegt die Problematik etwas anders: mit dem klassischen Marxismus hat sie gemein, dass beide Missstände zu Recht kritisierten – der klassische Marxismus die Ausbeutung der Arbeiter, die 68er Generation die Reduktion des Menschen auf eine Marionette des Wirtschaftswunders. Bei beiden ist die Diagnose richtig, die Therapie falsch: Wo der klassische Marxismus durch Revolution durchgesetzt wurde, erzeugte er größeres Elend als das von ihm bekämpfte; und die 68er-Strömung mit ihrem Kampf gegen die gesellschaftstragenden Institutionen hätte, wäre ihre Revolution gelungen, zur blanken Anarchie geführt. Allerdings ist diese Problematik noch nicht ausgestanden, weil die erfolglosen Revolutionäre in Medien und Politik langsam, aber leider erfolgreich eine Umwertung der gesellschaftstragenden Institutionen bewirken, so schleichend, dass es von der

Mehrheit gar nicht bemerkt wird: Ehe und Familie, Bildungs- und Arbeitsinstitutionen, Rechtstaat und last but not least werterziehende Institutionen wie Kirchen werden langsam, aber konsequent desavouiert.

Es gibt Institutionen, die nicht gesellschaftstragend sind (Fußballklub, Gesangsverein etc.), aber auch solche, die für den Bestand einer Gesellschaft unbedingt nötig sind:

Der Mensch als biologisches Mängelwesen muss diese biologischen Mängel auf anderer Ebene wettmachen, da er sonst nicht überlebensfähig wäre. Zu diesen Mängeln zählt, dass er – im Gegensatz zu höheren Tieren – sekundärer Nesthocker, also sehr lange auf die Betreuung durch bereits erwachsene Artgenossen angewiesen, ist. Der Sozialbedürftigkeit entspricht positiv die Sozialfähigkeit des Menschen. Um Sozialbezüge auf Dauer zu stellen, d.h. um Gesellschaft zu schaffen und zu erhalten, sind zumindest vier Funktionen zu erfüllen:

Die Selbstreproduktion durch Zeugung und Erziehung neuer Gesellschaftsglieder.

Die Selbsterhaltung durch Arbeit.

Der Selbstschutz durch Rechtsnormen.

Die Selbstdeutung durch Werte, die zumindest die drei vorhergehenden Funktionen einschließen

Der leichteren Erfüllung dieser Grundfunktionen dienen Institutionen. Obwohl vom Menschen geschaffen, haben sie sich gewissermaßen verselbständigt. Sie helfen ihm daher beim Aufbau seiner Verhaltensstruktur und haben insofern eine anthropologisch unverzichtbare Entlastungsfunktion. Den Grundfunktionen entsprechen Grundinstitutionen, etwa

>Ehe und Familie dienen der Selbstreproduktion,
>
>Bildungsinstitutionen, Arbeitsstätten aller Art, Spitäler der Selbsterhaltung,

der Rechtsstaat (und entsprechende Unter-Institutionen) dem Selbstschutz und
weltanschauliche Organisationen, sofern sie die genannten Grundwerte bejahen und fördern, dienen der gesellschaftsstabilisierenden Selbstdeutung. Dies erklärt, warum etwa die Katholische Kirche von Rechtsstaaten anerkannt wird, gewisse den Staat ablehnende Sekten nicht; oder warum nicht alle politischen Parteien in einem Rechtsstaat zulässig sind – nämlich solche nicht, die den Rechtsstaat ablehnen.

Institutionen sind also der künstliche Ersatz für die fehlende Instinktsteuerung des Menschen und insofern notwendig. Sekundär aber können sie, weil sie langlebiger und weniger flexibel sind als das Individuum, die Funktionen überleben, zu deren Stabilisierung sie beitragen sollten, und so zu einem gesellschaftlichen Korsett erstarren.

Diese Ambivalenz von Institutionen führte zu unterschiedlichen Formen von Institutionenkritik. Eine systemimmanente Institutionenkritik, die in der Geschichte immer wieder stattgefunden hat, hält gesellschaftserhaltende Institutionen für grundsätzlich notwendig, aber immer verbesserungsbedürftig; die 68ergeneration besonders im Anschluss an HABERMAS ging den extremeren Weg der system-transzendenten Institutionenkritik: Der gesellschaftlich geforderte Triebverzicht, der den einzelnen in die Neurose treibt, treibt die Gesellschaft zur Schaffung von Institutionen – Institutionen sind also Gesellschaftsneurosen; dabei entspricht dem Wiederholungszwang der Neurose die Verhaltensstabilisierung durch Institutionen. Die Emanzipation von der Entfremdung erfordert folglich eine Zerstörung aller gesellschaftlich anerkannten Institutionen (HABERMAS J., Erkenntnis und Interesse, 335-337). Denn der Einzelne kann die Befreiung von Institutionen nur erträumen, eine entsprechende politische

Gemeinschaft kann diese Befreiung, nötigenfalls mit Gewalt, erzwingen – so wurden Drogen für den einzelnen und Terror für revolutionäre Gruppen gesellschaftsfähig.

Inzwischen sind 40 Jahre vergangen. Wie hat sich die systemtranszendente Institutionenkritik praktisch ausgewirkt? RÖHL, der Ex-Ehemann von Ulrike MEINHOF, bringt dafür zahlreiche konkrete Beispiele. Ich nenne einige aus seinem merkwürdig lang vergriffenen, doch nun doch wieder neu aufgelegtem Buch „Linke Lebenslügen":

„Befreiung" der Sexualität durch Promiskuität (der One Night Stand ist „in" geworden) und durch eine Sexualerziehung, die Kleinstkinder bereits sexuell stimulieren will, ferner durch Förderung von Homosexualität und Lesbentum bzw der Multisexualität,

„Befreiung" von Bildungs- und Arbeitszwang,

„Befreiung" vom als restriktiv geltenden Rechtsstaat auch durch Terror,

„Befreiung" von Wertordnungen und der sie vertretenden Institutionen, besonders den Kirchen, und Befürwortung von Drogen als Mittel, eine sinnlos gewordenes Leben zu bewältigen.

Wer von diesen gesellschaftstragenden Institutionen „befreit", führt die Gesellschaft nicht zu Freiheit und Zufriedenheit, sondern in die Anarchie – was wir ja leider zunehmend erleben.

Mit meinem Versuch von Ideologiekritik wusste ich aber zunächst nur, wie's nicht geht, aber noch nicht, welcher Denkansatz und damit welche Weltdeutung richtig wäre. Da kam mir die Lektüre von KANTs Kritik der reinen Vernunft zu Hilfe. Dieses Werk wurde für mich

aufregender als jeder Krimi, weil es mich faszinierte, dass ein Mann, der die Möglichkeit menschlicher Erkenntnis so akribisch untersuchte, dennoch an GOTT glauben konnte. Es mag seltsam klingen, aber die Frage meines späteren Mannes „Willst Du mich heiraten?" war nur die zweitwichtigste in meinem Leben – die wichtigste war und ist „Wie sind synthetische Urteile a priori möglich?", denn von dieser Frage hängt der Glaube an GOTT und ein Ewiges Leben ab. Vor allem beim Kapitel „vom transzendentalen Ideal" fiel es mir wie Schuppen von den Augen, dass die Voraussetzung alles Erkennens und Seins nicht selbst ein erkennbarer Gegenstand unter anderen sein kann – GOTT muss unerkennbar und unbeweisbar sein, da Er sonst nicht GOTT wäre.

So war ich auf den Level der Vernunftreligion der Aufklärung gekommen. Ein Studienkollege machte mich auf FICHTE als Vollender KANTs aufmerksam. KANTs so wohldurchdachtes System begeht in der Religionsphilosophie einen entscheidenden Denkfehler: er fundiert nicht nur – richtiger Weise – Religion in Moral, sondern er reduziert Religion auf Moral, weil er nicht sieht, dass ein personhafter GOTT sich in der Geschichte offenbaren können muss. Bei KANT fallen daher, vereinfacht gesprochen, Religion und Moral zusammen, geschichtliche Offenbarung dient nur dem einfachen Volk, das nicht philosophisch denken kann, und Theologie ist streng genommen überflüssig.

Definiert man Wissen als "Gewissheit von Etwas als wahr", stellt sich die Frage: Woher stammt diese Wahrheit unseres

Wissens? Seit AUGUSTINUS, DESCARTES und FICHTE ist die Ichgewissheit unbestrittene Basis der Philosophie: Ich kann an allem zweifeln, nur nicht daran, dass ich, der ich zweifle, bin und zweifle, d.h. dass ich bin und denke (sum cogitans oder cogito ens). Die Philosophie als Grundlagenwissenschaft darf daher nur zwei Voraussetzungen machen: diese Ichgewissheit, aus der wir faktisch nicht herauskönnen, und dass es Wahrheit gebe, denn jede Erkenntnis beruht auf der Unterscheidungsmöglichkeit von wahr / falsch, und jeder Versuch, Wahrheit zu beweisen oder zu widerlegen, setzt Wahrheit uneinholbar voraus.

Es muss folglich das Verhältnis von Ichgewissheit und Wahrheit geklärt werden:

Einerseits sind Ichgewissheit und Wahrheit identisch: beide sind erkenntnismäßige Selbstbegründungsverhältnisse, da jeder Versuch, Ichgewissheit zu begründen, Ichgewissheit bereits voraussetzt, und jeder Versuch, Wahrheit abzuleiten, Wahrheit bereits voraussetzt.

Anderseits sind Ichgewissheit und Wahrheit nicht identisch. Denn ich weiß nicht nur, dass ich ich bin, sondern auch viele andere Erkenntnisinhalte. Ichgewissheit ist also eine abgrenzbare Erkenntnis neben anderen Erkenntnissen. Wahrheit aber ist jeder wahren Erkenntnis uneinholbar vorausgesetzt (ich erkenne nie „die" Wahrheit, sondern immer „etwas" als wahr)

Wie muss Wahrheit beschaffen sein, damit sie alle wahren Erkenntnisse bewahrheiten kann? Denn: Mein bloßes Denken kann meine Erkenntnisse nicht bewahrheiten, weil sonst alles, was ich denke, wahr sein müsste, Irrtum also ausgeschlossen wäre. Soll Wahrheit alles, was sie nicht selbst ist, bewahrheiten können, muss sie ein Wesen sein, das im Denken schafft / im Schaffen denkt. Dann ist alles, was sie denkt, ihr Geschöpf und

insofern wahr - und der Mensch kann das von der Wahrheit Geschaffene / Gedachte richtig oder falsch nachdenken, d.h. menschliches Schaffen ist ein relatives (auf GOTTES Schaffen bezogenes) Schaffen. Damit präzisiert sich das Verhältnis Selbstgewissheit / Wahrheit im Sinne eines Bildverhältnisses (eines Identitäts-Nichtidentitäts-Verhältnisses):
Ichgewissheit und Wahrheit, Mensch und GOTT, sind identisch als erkenntnismäßiges Schaffen. Ichgewissheit und Wahrheit sind nicht identisch insofern, als Wahrheit ein absolutes (erkenntnismäßiges und seinsmäßiges) Schaffen ist, Ichgewissheit nur ein Nach-Schaffen.
Daher kann der Mensch als Bild GOTTES verstanden werden, das ist seine höchste Bestimmung. Glauben meint folglich auch die durch unsere Unterscheidung von wahr/falsch berechtigte Annahme einer absoluten Wahrheit; diese kann nur als personhafter Erkenntnis- und Seinsgrund ihrer selbst und alles anderen Wirklichen gedacht werden („ens a se" – „Sein von sich selbst") - also als Schöpfer, der im Denken schafft und im Schaffen denkt.

Für mich war mein Philosophiestudium, das ich mit einem sub-auspiciis-Doktorat abschloss, also zugleich ein existentieller Selbst-heilungsprozess: Ich hatte auf vielen Umwegen zu GOTT gefunden – und mein Leben wurde wieder lichter.

Wenig erfolgreich war ich allerdings darin, andere Linke zu bekehren. Gerade die 68er waren eher irregeleitete Kinder aus gutem Haus, für die die Revolution ein Spiel war. Es gab ja in Österreich – Gottlob – kein verelendetes Proletariat mehr, für das MARX zu Recht gekämpft hatte. MARCUSE verurteilte das Wirtschaftswachstum als „Beweis für die ultimative Entfremdung im Spätkapitalismus": Einmal war ich sogar in einer Kommune Ecke Berggasse – die andere Gasse habe ich vergessen – zum Tee und zur Diskussion geladen, was aber nicht nur ein Misserfolg, sondern auch grausig war: um den Wohnzimmertisch standen nicht-gemachte Betten mit schmutzigem Bettzeug, die Teetassen wirkten unabgewaschen, der Diskussionsverlauf war wirr. Als ich nach einiger Zeit das WC benutzen wollte, stellte ich fest, dass man – in einem totalen Missverständnis von KANTs Maxime der Publizität – die Türe ausgehängt hatte. Ich verschwand also rasch in ein nahes Café. Das war wirklich nicht meine Welt

## *Ehe und Familie, drittes Studium*

Dann kam es zum glücklichsten Ereignis meines Lebens: Ich lernte meinen Mann, Deinen Vater, PETER auf einer sonst langweiligen Tagung kennen – und er kam, sah und siegte. Als unromantischer Mensch habe ich nie an eine Liebe auf den ersten Blick geglaubt – und dann erlebte ich sie selbst. Auf dieser Tagung lernte ich auch ein oberösterreichisches Ehepaar und eine steirische junge Witwe kennen, mit denen ich noch immer befreundet bin – Du kennst und magst sie auch sehr. Ich erinnere mich noch genau: PETER kam an unseren Tisch und fragte etwas schüchtern, ob er sich zu uns setzen dürfen, weil wir offenbar die einzigen Teilnehmer waren, die es lustig hatten. Und wir sahen einander zufällig in die Augen – und irgendwie versank dann für uns die übrige Welt – wir vergaßen fast ganz auf die anderen und hatten Augen und Ohren nur füreinander. PETER und ich heirateten bald und es gelang uns, was heute offenbar vielen jungen Menschen nicht mehr gelingt: unsere heftige Verliebtheit in Liebe umzuwandeln, Schritt für Schritt, solange es uns vergönnt war, zusammen zu sein. Mir ist klar, dass eine solche Beziehung ein Geschenk ist – aber wie alle Geschenke GOTTES zugleich eine Aufgabe. Denn trotz unserer starken Verliebtheit gestaltete sich die Ehe anfangs schwierig, weil wir aus sehr unterschiedlichem Milieu stammten – wir mussten uns in vielem zusammenraufen, vor allem aber die Vorurteile unserer Herkunftsfamilien abbauen. Doch dann wuchsen wir in unglaublicher Weise immer mehr zusammen, wir wurden sozusagen ein Herz und eine Seele, so dass die Jahre meiner Ehe die schönsten meines Lebens waren und viel zu rasch vergingen. Mehr möchte ich dazu nicht sagen – für mich ist es unmöglich, tiefe Gefühle auch nur einigermaßen adäquat zu beschreiben

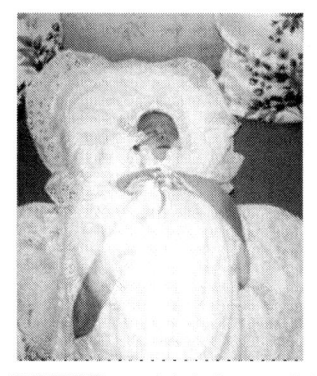

Dann kamst Du zur Welt – um genau zwei Monate zu früh, wohl das einzige Mal in Deinem Leben, dass Du zu früh dran warst. Du warst sehr klein und verhutzelt und musstest zunächst auf die damalige Frühgeburtenstation nach Glanzing. Heute weiß man es besser – es ist ein Wahnsinn, Neugeborene gleich von der Mutter zu trennen. PETER und ich besuchten Dich natürlich, sooft wir konnten. Als ich merkte, dass Deine Geburts-Gelbsucht nicht aufhörte und Du ab- statt zugenommen hast, traute ich mich, Dich auf eigene Revers nach Hause zu nehmen. Ich weiß nicht, ob mir damals das Risiko klar war – heute bin ich froh über meinen Mut. Denn daheim hast Du Dich rasch erholt und so stark zugenommen, dass der Kinderarzt drei Mal nachgewogen hat, ob das möglich sei. Ich war allerdings etwa drei Monate hindurch Tag und Nacht nur für Dich da.

Natürlich hätten wir gern mehr Kinder bekommen. Der Philosoph HEGEL sagt sehr schön: Erst im Kind wird die subjektive Liebe von Mann und Frau objektiv. Aber es stellte sich leider kein zweites oder gar drittes Kind ein.

Es fiel uns nicht leicht, die Möglichkeit einer IVF abzulehnen. Diese war damals ziemlich neu aufgekommen, und wir wurden massiv von Ärzten des AKH unter Druck gesetzt zuzustimmen. Aber uns war klar, dass die nicht eingesetzten befruchteten Eizellen auch unsere Kinder wären. Solange aus einer befruchteten Eizelle noch nie etwas anderes geworden ist als ein Mensch und der Mensch ein ganzes Leben lang auf dem Weg der Menschwerdung ist, ist es eine Ausrede, dass ein Mensch erst ab der Nidation oder dem 3. Monat oder ab der Abnabelung oder ab... ein Mensch sei.

Beruflich und finanziell ging es uns gut – von meinen Eltern hatte ich eine Eigentumswohnung im 13. Bezirk in Grünlage mitbekommen, PETER und ich bauten im großen Garten der Eltern im Südburgenland ein eigenes Haus, was Du schon als Kleinkind miterlebt hast. Die Nähe und doch Trennung der beiden Häuser bewährten sich sehr: Wir waren zusammen, ohne einander zu stören. Noch heute mache gern ich im Ferienhaus meiner Eltern Urlaub – hier sitzen noch all meine verstorbenen Lieben mit mir um den schweren Jogltisch aus Massiveiche - , Du hast Dich ja entschieden, mit Frau und Kindern in unserem früheren Haus zu wohnen.

Als Du älter geworden warst, konnten wir in demselben Haus im 13. Bezirk eine zweite Wohnung kaufen, sodass wir auch mit Dir zusammen und doch getrennt waren. Beruflich war PETER zunächst Sonderschullehrer, machte aber dann nebenberuflich das Doktorat und bekam einen interessanten und gut dotierten Posten im WIFI. Ich hatte nach dem Doktorat einen Assistentenposten an der Uni, den ich aber bald nach Deiner

Geburt aufgab – nicht nur, um mich Dir besser widmen zu können, sondern weil ich nun auch durch PETERs Einfluss immer mehr in den katholischen Glauben hineinwuchs. PETER hatte keine Glaubenskrisen hinter sich, er war gleichsam naturhaft katholisch – und das wirkte ansteckend. Ich setzte mich mehr und mehr mit Glaubensfragen auseinander, begann in der Pfarre mitzuarbeiten – der Familienrunde gehöre ich noch heute als Witwe an – und studierte auf PETERs Rat Theologie, dieses Studium beendete ich mit dem Magisterium. Ich fand auch in dem damaligen Präsidenten des Wiener Kirchengerichts einen ausgezeichneten Geistlichen Begleiter und Freund für's Leben, leider starb er drei Jahre nach Peter – auch er hat eine große Lücke hinterlassen.

Deine Schulzeit, lieber CHRISTIAN, war leider etwas schwieriger als meine. Schon beim Kindergarten- und Schuleintritt legtest Du theaterreife Szenen hin. Ich verstehe ja, dass man nicht gern in die Schule geht, aber Du hast das entschieden übertrieben. Immer wird mir ein tiefsinniges Gespräch in Erinnerung bleiben, das Du mit Deinem damals besten Freund am Ende des Kindergartens führtest. Du warst zur Überzeugung gekommen, es wäre am besten, gleich nach dem Kindergarten in Pension zu gehen, weil Dir das Vorbild meines Vaters gefiel, in der Pension reichlich Geld und reichlich Freizeit zu haben – die Kleinigkeit, dass mein Vater ja vor der Pension viel und verantwortungsvoll gearbeitet hatte, muss Dir irgendwie entgangen sein. Das blieb Dir bis zum Ende des Gymnasiums: nach Deiner schriftlichen Matura rief mich Deine Mathe-Professorin wütend an, Du habest nur einen Dreier geschrieben, weil Du die erste Halbzeit demonstrativ gefressen – von Essen kann man da wohl nicht mehr sprechen – hattest.

Als Du etwas älter geworden warst, begann ich im nahen Gymnasium der Dominikanerinnen zu unterrichten – in dem Orden, dem ich jetzt als Schwester angehöre. Obwohl es mir dort sehr gut gefiel, stellte sich nach dem Magisterium in Theologie für mich die Frage, ob ich auch in Theologie das Doktorat machen und Assistent bei Prof. KREMER werden sollte, was er mir angeboten hatte, oder einen Posten an der damaligen RPA (Religionspädagogische Akademie), heute KPH (Kirchlich-pädagogische Hochschule), annehmen sollte. Auf den Rat eines Priesters entschied ich mich für letzteres – er meinte, ich würde dadurch mehr Menschen in der Verkündigung erreichen -, bin aber bis heute unsicher, ob diese Entscheidung richtig war, obwohl mir die Ausbildung von Religionslehrern nach wie vor am Herzen liegt und diese Zeit – es war immerhin ein Vierteljahrhundert – eine sehr erfüllende für mich war. Mit manchen meiner Studentinnen und Studenten bin ich bis heute befreundet. Eine Zeitlang hatte ich auch einen Lehrauftrag an der leider nicht mehr bestehenden Ordenshochschule der Steyler Missionare in St. Gabriel, wo es mir sehr gut gefiel.

Die Zeit der Ehe verging wie im Flug: wir hatten einen Sohn, den wir liebten, einen Beruf, der uns erfüllte und viele gemeinsame Interessen. Obwohl PETER im wirtschaftlichen Bereich tätig war, interessierte er sich sehr für philosophische und theologische Fragen und für Kunst – also für Bereiche, die auch mir bis heute am Herzen liegen. In ihm hatte ich daher einen verständnisvollen Gesprächspartner – es ist schade, dass Du, CHRISTIAN, diese Interessen kaum übernommen hast, denn nichts verbindet so sehr wie geistige Gemeinsamkeiten. Und wenn man geistig eins ist, ist auch die körperliche Liebe wunderschön – schade, dass viele Menschen heute meinen, die zwischenmenschliche Einheit vom Körper her aufbauen zu können und nicht merken, dass die körperliche Einheit Symbol der geistigen Einheit ist. Mehr möchte ich dazu nicht sagen – ich mag es nicht, innige Beziehungen vor anderen auszubreiten. Wer eine solch innige Einheit mit einem Menschen kennt, der braucht keine Erklärung, der versteht mich auch so – und wer sie nicht kennt, der versteht mich auch bei noch so vielen Worten nicht.

Schön waren auch die gemeinsamen Urlaube – 14 Schiurlaube mit unserer „Großfamilie", also der Familienrunde der Pfarre, unsere gemütlichen Aufenthalte mit meinen Eltern im Burgenland - eine noch heile Familie. Mit PETER und Dir machte ich auch gern Sight-Seeing-Fahrten etwa nach Italien mit dem damaligen Stadtschulratvizepräsidenten, der ein enorm kompetenter und humorvoller Historiker und mit den Schwiegereltern befreundet war, oder nach Israel, das mich auch aus theologischen Gründen sehr interessierte. Schön waren auch unsere Kreuzfahrten – ich bin ja im Gegensatz zu Dir eher ein Reisemuffel, aber das Schiff als mitfahrendes Hotel und die gut organisierten Landausflüge haben mir gefallen, vor allem aber das entspannte Zusammensein mit lieben Menschen.

In diese Zeit fiel auch die politisch wichtige Entspannung – 1989 brach das kommunistische Imperium zusammen, ohne Krieg, sondern aus wirtschaftlichen Gründen.

## *Die große Katastrophe – Peters Krankheit und Tod*

In diese heile Welt einer rundherum glücklichen Familie brach dann massiv Krankheit, Leid und Tod herein. Es begann mit kleineren, dann größeren Schlaganfällen meines Vaters. Schließlich war er halbseitig gelähmt und auf dem geistigen Niveau eines Kindergartenkindes. Ich erlebte diesen Zustand als ambivalent: einerseits war es bedrückend, meinen geliebten Vater, der immer ein Vorbild an Tüchtigkeit und Korrektheit gewesen war, in diesem kindischen Zustand zu sehen, andererseits kam er mir dadurch, dass ich ihn teilweise betreute, viel näher als je zuvor. Obwohl Du, CHRISTIAN, damals noch sehr jung warst, hast Du Dich bemüht, diese schwere Situation mitzutragen – ich glaube, damals hat Deine soziale Einstellung begonnen.
Im Frühjahr 1991 hatte PETER eine – scheinbar längere – Verkühlung mit Fieberschüben und musste zur Überwachung ins Spital. Da meine Mutter einen Nagel aus der Hüfte entfernen lassen wollte, zog ich inzwischen zu den Eltern, um meinen Vater und dann meine Mutter betreuen zu können – PETER schien mir ja im Spital gut versorgt, Du auf dem Jungscharlager der Pfarre. Und dann kamen die Katastrophen: Zunächst krachte der Hüftknochen meiner Mutter in sich zusammen, der Operateur war auf Urlaub – und ich musste meine ganze Überzeugungskunst aufbieten, um den Oberarzt zur Operation zu bewegen, denn offenbar trauen sich Ärzte nicht, Chefarztpatienten zu behandeln. Es war ein heißer Sommer, und meine Mutter wollte möglichst rasch nach Hause, denn die Zimmer im alten AKH waren ungemütlich und nicht klimatisiert.

Da ich ohnedies in der Wohnung der Eltern wohnte, traute ich mir die Betreuung zweier Bettlägeriger zu, zumal am Morgen und Abend ein Helfer von einer einschlägigen Organisation kam. Doch dann kam die Hiobsbotschaft: PETER musste ins AKH verlegt werden, da er keine verschleppte Verkühlung, sondern Morbus Wegener hatte, eine seltene Autoimmunerkrankung, die die Nasen-, Lungen- und Nierenschleimhäute zerstört. Er wurde – außer in einer kurzen Phase der Besserung – dialysepflichtig, übte aber seinen Beruf bis zu den letzten drei Monaten vor seinem Tod aus: Er ging in der Früh zur Dialyse ins AKH und fuhr von dort gleich ins WIFI.

Zwei Jahre vor PETERs Tod starb – trotz seiner Erkrankung überraschend – mein Vater: eine Bronchitis entwickelte sich zur Lungenentzündung, und ich verlor den ersten der mir besonders nahestehenden Menschen.

Bis zu den letzten drei Monaten begann nun bei PETER ein ständiges Auf und Ab. Aber seltsam, gerade dadurch wuchsen wir noch viel mehr zusammen, jeder Tag wurde zum kostbaren Geschenk, und da ich auch bei seinen wiederholten Spitalsaufenthalten fast täglich bei ihm war, hatten wir so viel Zeit füreinander, wie nie zuvor. Auch während eines Kuraufenthaltes in Aflenz konnten wir uns ganz einander widmen. Es war nach Weihnachten, und wir machten immer wieder kleine Spaziergänge durch den Schnee oder kleine Fahrten in der Umgebung. An einen Spaziergang kann ich mich besonders gut erinnern: Wir setzten uns auf eine sonnige Bank, hielten uns an der Hand und schwiegen – weil wir so erfüllt von der Gegenwart des anderen waren, wir waren für kurze Zeit eine totale Einheit.

Meinen 50. Geburtstag gestaltete er zu einem großen Fest – unserem letzten.

Anfang Juni 1995 kam es zu einer radikalen Verschlechterung: eine scheinbare Blinddarmoperation erwies sich als absterbender Darm – wobei auch den Ärzten unklar war, ob der Morbus Wegener atypisch auf den Darm übergegriffen hatte oder zum Morbus Wegener ein Morbus Crohn dazugekommen sei. Zwischen Mitte Juni und Mitte August kam es zu drei Operationen, bei der letzten wurde PETER der Dickdarm, eine Niere und die Milz entfernt. Nach der zweiten Operation erholte er sich noch halbwegs gut, rechnete aber offenbar auch mit einem eventuellen schlechten Ausgang. Es hat mich sehr berührt, dass er mir dafür dankte, dass ihm unsere Ehe nie langweilig gewesen war und dass ich im Falle seines Todes bei den Dominikanerinnen eintreten solle.

Merkwürdiger Weise hatte ich in dieser Zeit einen seltsamen Traum, an den ich mich noch in allen Einzelheiten erinnere. Ich ging durch einen grafitgrauen dichten Nebel ohne zu erkennen, wohin mein Weg führe. Plötzlich tauchte aus dem Nebel der jetzige Kardinal SCHÖNBORN auf, im Dominikanerhabit, in dem ich ihn nie zuvor gesehen hatte, sondern immer nur im dunklen Anzug oder dunklen Talar. Er hielt etwas in der Hand, das ich zunächst nicht erkennen konnte, er ging auf mich zu und warf es mir über – und ich war als Dominikanerin gekleidet. Entsetzt wachte ich auf, denn mir war klar, dass das PETERs Tod ankündigte. Aber natürlich habe ich den Traum gleich wegrationalisiert – „Träume sind Schäume", sage ich mir. Später war dieser Traum ein Mitgrund für meinen Ordensnamen: Eigentlich wäre ich lieber eine THERESE von Lisieux geworden, aber alle fanden, dass das nicht zu mir passe. Und inzwischen hatte ich im Noviziat gelernt, dass KATHARINA von Siena einen ähnlichen Traum hatte, wobei ihr allerdings der hl. DOMINICUS höchst-persönlich den Habit überwarf – das ist eben der Unterschied: bei ihr erschien DOMINICUS, bei mir der Kardinal.

Plötzlich verschlechterte sich PETERs Zustand, und er fiel von selbst ins Koma. Ein Arzt teilte mir mit, dass er ohne dritte Operation gar keine Überlebenschance habe, mit dieser Operation vielleicht 10%. Er gab mir nur fünf Minuten Bedenkzeit, da die Operation eingeschoben werden müsse. Ich versuchte, ein Vater unser zu beten – und konnte es nicht mehr. Ich unterschrieb fast willenlos die Einwilligung zur Operation. An diese Nacht kannst Du Dich wohl auch gut erinnern: Du warst zu mir in die Wohnung gekommen – Du hattest ja schon längst unsere frühere Wohnung darüber - und wir warteten bis etwa halb Drei, bis der Anruf kam, er habe diese Operation überlebt, sogar ohne Kreislaufzusammenbruch. Wir fielen einander um den Hals.
PETER lebte dann noch drei Wochen, nur mehr intubiert auf einer der Intensivstationen des AKH, doch noch immer mit gewissen Besserungschancen. Da er nicht sprechen konnte, verlangte er die auf Intensivstationen vorhandenen Sprechkarten und schrieb mir: *„Ich liebe Dich"* – das waren seine letzten Worte an mich. Knapp vor seinem Tod schien eine Besserung einzutreten, so dass der Arzt mich beauftragte, ein Zimmer in der Normalstation vorzubestellen, da PETER bald aus der Intensivstation entlassen werden könne. Samstag Nachmittag wurde sein Zustand aber schlechter, und er wurde in künstlichen Tiefschlaf versetzt. Sonntag schrillte das Telephon vor 6 Uhr früh – und ich wusste, was das zu bedeuten

habe: Ich solle rasch kommen, wenn ich meinen Mann noch lebend antreffen wollte. Ich weckte Dich, rief die Schwiegermutter an, und wir fuhren so rasch wie möglich ins AKH. Da standen wir schweigend an seinem Bett, er hing an zahlreichen Schläuchen, und ich konnte an der Anzeigetafel ablesen, dass er den zugeführten Sauerstoff immer weniger verwerten konnte. Plötzlich ging auf der Anzeigetafel alles auf Nulllinie – zuerst meinte ich, der Fingerhut, der den Patienten mit der Anzeigetafel verbindet, sei von PETERs Finger geglitten - aber er saß fest. Das war also das Ende. Ich bin bis heute nicht sicher, ob der Arzt draußen die Maschinen nicht abgedreht hat, denn dass alles gleichzeitig auf Nulllinie geht, ist sehr unwahrscheinlich. Ich werde es wohl nie erfahren. Jedenfalls hatte der diensthabende Arzt es sehr eilig, uns los zu werden, weil das Bett für einen frisch Transplantierten gebraucht wurde. Natürlich bestand ich darauf, einen Priester oder Diakon zu holen – PETER wurde bis zu dessen Eintreffen von allen Schläuchen abgehängt und in ein Nebenzimmer geschoben, eben weil das Bett schon gebraucht wurde. Ich gab ihm den letzten Kuss – er war schon etwas kalt, und ich wusste, es würde der letzte Kuss an einen Mann sein.

Zunächst war ich drei Tage wie versteinert – ich konnte nicht weinen und kaum sprechen. Was zu tun war, tat ich wie im Trancezustand. Du, CHRISTIAN, übernahmst die notwendigen Wege, weil ich dazu nicht fähig war – obwohl Du erst 23 warst, warst Du mir damals eine große Stütze. Ich glaube, damals wurdest Du mit einem Schlag erwachsen. Dann erst begannen die Tränen zu rinnen, fast unaufhörlich. Für das Begräbnis nahm ich reichlich Antidepressiva – und erlebte es auch eher im Trancezustand. Da noch Ferien waren, brachtest Du mich ins Burgenland, wo ich mich verkroch. Bei Semesterbeginn wieder in Wien bemühtest Du Dich gemeinsam meiner Mutter ehrlich um mich, aber auch meine Freunde, mein mittlerweile verstorbener Beichtvater, der ebenfalls schon verstorbene Chorherr, der PETER und mich getraut und Dich getauft hatte, die Familienrunde der Pfarre und eine meiner jetzigen Mitschwestern – ich wohnte ja in der Nähe des Klosters und ging, wenn es beruflich möglich war, gern zur Vesper – die Psalmen legten sich wie ein Pflaster über mein Herz.

Dennoch erreichten mich diese Bemühungen lange nicht wirklich, und es kehrte das furchtbare Bild der auf Nulllinie gehenden Anzeigetafel wie ein böser Kurzfilm ohne mein Zutun immer wieder – in der U-Bahn, im Hörsaal bei Vorlesungen, auf der Straße. Besonders schlimm waren die ersten Weihnachten. Übrigens waren meine Haare vom Sommer bis Weihnachten weiß geworden. Die folgende Karwoche machte ich, wie immer, Zen-Exerzitien mit. Der leitende Priester, der mich lange kennt, sah meinen jämmerlichen Zustand und bot mir an heimzufahren, wenn ich es nicht aushielte. Merkwürdig – drei Tage lang verfolgte mich das Bild der Intensivstation ununterbrochen, ich dachte, verrückt zu werden, aber ich hielt durch – und am 4. Tag war der böse Kurzfilm verschwunden und kehrte nie wieder – für mich eine Bestätigung, dass GOTT heilt, wenn man sich Ihm passiv ausliefert.

## *Gebet – Meditation - Kontemplation*

Hier möchte ich Einiges zur Bedeutung des Gebets sagen, weil es mir in schwierigen Situationen immer wieder weitergeholfen hat. Ich würde Dir wünschen, dass Du diese Erfahrung auch einmal machst. Die Grundausrichtung des Lebens auf GOTT könnte man statt als „Glauben" auch als „indirektes Beten" bezeichnen. „Betet ohne Unterlass" (1 Thess 5,17). Aber auch wenn das gesamte Leben des gläubigen Menschen zum (indirekten) Gebet werden soll, kann dies nur gelingen, wenn der Mensch auch das direkte Gebet übt. Da wir nicht bei einem heilen Zustand („Paradies") anfangen können, sondern immer schon in der Entfremdung („Ursünde"), fällt uns das Leben in der Gegenwart GOTTES schwer. Denn GOTT ist uns zwar immer gegenwärtig, aber wir sind uns dieser Gegenwart nicht immer bewusst. Und da ist es zu wenig, sich die Allgegenwart GOTTES theoretisch vorzustellen, sondern wir müssen immer wieder das direkte Gebet praktisch üben, um diese Gegenwart GOTTES immer mehr zu erleben – nur dann kann unser ganzes Leben sukzessive zum indirekten Gebet werden, ein lebenslanger Weg. Auf diesem Weg müssen direktes und indirektes Gebet immer ineinander verwoben bleiben: das direkte Gebet als „Üben" der Grundausrichtung auf GOTT, das indirekte durch eine entsprechende Lebensgestaltung – durch ein einfaches Leben. Damit ist nicht oder nur sekundär ein gewisser Verzicht auf Luxus gemeint. Primär erfordert das ein Bemühen um ein Leben im Jetzt, weil das die einzige Zeitdimension ist, die an die Ewigkeit GOTTES rührt – „Jetzt ist die Zeit der Gnade" (2 Kor 6,2). Nur im Jetzt können wir ganz präsent sein, nicht zerrissen in ein gegenwärtiges Tun und in ein Träumen von Vergangenheit oder Zukunft. Nur im Jetzt sind wir wach und offen für GOTTES Willen, damit Er zu uns sprechen kann - durch andere Menschen, die uns begegnen, und durch die Situationen, in die Er uns stellt – eine Haltung, die JESUS als „Wachsamkeit" oder „reines Herz" bezeichnet.

Das indirekte Gebet kann, wie gesagt, nur glücken, wenn wir das direkte üben. Denn jeder kann unschwer selbst erfahren: je mehr ich mich in eine Beziehung hineinbegebe, desto mehr wird sie glücken. Die Ehe als Bild unserer Beziehung zu GOTT findet sich in der Bibel erstmals beim Propheten HOSCHEA und wird im NT und in der christlichen Literatur, besonders in der Liebesmystik, ausgefaltet. Die Arten des direkten Gebets lassen sich daher gut an den Arten des Umgangs menschlicher Partner miteinander ablesen. Partner sprechen über alles miteinander, was sie bewegt – auf GOTT übertragen: das verbale Gebet. Gefühle lassen sich aber nur unzureichend in Worte fassen, weshalb Liebende sich verbaler, bildlicher, gegenständlicher Symbole bedienen; die Rose, die „er" „ihr" schenkt, oder die Lieblingsspeise, die „sie" „ihm" kocht, sagt meist mehr als tausend Worte – als Gebet: die Meditation. Und schließlich gibt es ein tiefes, gemeinsames Schweigen, das noch mehr aussagt als Worte und Bilder – wer kennt nicht diese kostbaren Stunden, in denen man bei einem geliebten Menschen einfach sitzt, vielleicht seine Hand hält und von tiefem Glück erfüllt ist, dass es gerade diesen Menschen gibt? - als Gebet: die Kontemplation. Diese unterschiedlichen Gebetsarten, die eben den unterschiedlichen Möglichkeiten von zwischenmenschlichen Beziehungen entsprechen, sind in allen Hochreligionen seit Jahrhunderten, ja, seit Jahrtausenden bekannt. Die Erfahrungen von Menschen sind und bleiben ähnlich, ihre Interpretationen aber verschieden, weil diese vom kulturellen Umfeld und vom individuellen Bildungsstand des interpretierenden Menschen abhängen.

Meditation ist die ganzheitliche Betrachtung (religiöser) Inhalte. Ganzheitlich meint, man denkt diese Inhalte nicht bloß mit dem Verstand durch, sondern lässt sie auf Verstand, Gefühl und Willen wirken. Man nennt diese wahrscheinlich auf BENEDICT zurückgehende Bibelmeditation auch lectio divina, Geistliche Schriftlesung. Einiges, was ich in der Bibel lese, wird sofort zu meiner bisherigen Erfahrung passen – anderes nicht, weil ich ja in einem Menschenleben nicht rund 3000 Jahre menschlicher Erfahrung einholen kann. Will ich daher auch aus diesen Fremderfahrungen lernen, muss ich die Erfahrungen biblischer Autoren als Wegweiser für mein Leben nehmen, um möglichst viele dieser Erfahrungen selbst machen zu können – *„Lebe, was du von der Bibel verstanden hast, und du wirst die Bibel besser verstehen" (Roger SCHUTZ).*
Ich werde still, mache mir die Gegenwart GOTTES bewusst und lese einen kleinen, zusammenhängenden Abschnitt aus der Bibel (lectio, d.h. Lesung) und versuche diesen Abschnitt, so gut ich kann, zu verstehen (die lectio wendet sich also an den Verstand). - *„Wie sollen sie an den glauben, von dem sie nichts gehört haben? Wie sollen sie hören, wenn niemand verkündet?" (Röm 10,14 b und c)*
Ich nehme mir Zeit und überdenke ruhig, was GOTT mir persönlich mit diesen Versen sagen will; dazu ist es hilfreich, den Vers oder das Wort, der bzw. das einen besonders betroffen hat, mehrmals zu wiederholen, in sich „einsickern" zu lassen. (meditatio im engeren Sinn, auch ruminatio, Wiederkauen, genannt; die ruminatio wendet sich an das Gefühl). - *„Maria aber bewahrte alles, was geschehen war, in ihrem Herzen und dachte darüber nach" (Lk 2,19).*

Ich versuche, über das, was ich gelesen und erwogen habe, mit GOTT ins Zwiegespräch zu kommen (oratio, d.h. Gebet), und überlege, was davon ich in meinem Leben praktisch umsetzen könnte (die oratio betrifft also auch den Willen). – *„Dann geh und handle genau so" (Lk 10, 37 c).*

Dass es ein Unbewusstes gibt, ist heute kaum umstritten, wohl aber, wie es zu deuten ist. Gerade diese Deutung ist aber wichtig auch für die spirituelle Theorie und Praxis – für das Verständnis der Bedeutung von Meditation und Träumen / Visionen.
FREUD verstand das Unbewusste nur als Brücke zur Triebstruktur (Es) und Brücke zur Gesellschaft (Über-Ich), für einen Transzendenzbereich ist bei ihm kein Raum, da er Atheist war; Träume können daher bei FREUD nur Botschaften des Es oder Über-Ich enthalten, nicht aber Botschaften GOTTES. V. FRANKL stellte sein eigenes psychologisches Modell scherzhaft als „Höhenpsychologie" der „Tiefenpsychologie" FREUDs gegenüber und verstand das Unbewusste nicht nur als Brücke zur Natur und zur Gesellschaft, sondern ausdrücklich auch als Brücke zu GOTT; damit ist auch die religiös wichtige Trennung von Über-Ich und Gewissen gegeben - vereinfacht: das Über-Ich kann als Stimme der Gesellschaft verstanden werden, das Gewissen als Stimme GOTTES. Und damit wird auch eine religiöse Deutung von Träumen und das Akzeptieren der Möglichkeit echter Visionen möglich.
Denn das Unbewusste wird ja so bezeichnet, weil es sich der bewussten und willentlichen Kontrolle entzieht. Aber es kann natürlich nicht total unbewusst sein, weil wir sonst gar nichts davon wüssten – sondern es äußert sich auf verschiedene, doch immer symbolisch verschlüsselte Weisen in unserem

Bewusstsein. Gemeinsam ist diesen verschiedenen Weisen, dass sie nicht bewusst gesteuert werden – deshalb haben hier Träume eine besondere Bedeutung. Wenn wir auf unsere Träume achten, merken wir, dass FREUD zwar einerseits richtig erkannte, dass in ihnen vielfach unbewältigte Trieb-wünsche (Es) oder Rollenansprüche (Über-Ich), symbolisch verschlüsselt, hochkommen. Aber schon JUNG wies darauf hin, dass es zusätzlich „große" Träume gäbe, die meist wesentlich klarer sind und die auf Lebensfragen antworten, oft mit deutlich religiöser Akzentuierung. FRANKL lieferte dazu die theoretische Erklärung – dass das Unbewusste eben nicht nur eine Brücke zu Natur und Gesellschaft, sondern auch zu GOTT sei (besonders in seinem Büchlein Der unbewusste Gott. Psychotherapie und Religion, München 1992). Dadurch wird klar, dass die zahlreichen biblischen Träume (etwa JAKOB: Gen 28,10-22; JOSEPH: Gen 37, 5-11; 40,9-41,36; JOSEF, der Bräutigam MARIAS: Mt 1,20-23; 2,13-15; PAULUS: Apg 16,9-10) immer eine Führung durch GOTT darstellen. Und deshalb ist auch die Abgrenzung Nachttraum / Tagtraum (sofern er spontan auftritt und nicht eine willkürliche Träumerei darstellt) / Vision kaum möglich: hier bekommt der Mensch etwas zu sehen (und meist auch zu hören), was sein Leben unmittelbar betrifft. Dabei ist wichtig, dass der Mensch sich gegenüber visionärem Traum / Vision passiv verhält. So kann GOTT zur Sprache kommen und nicht das menschliche Ich. Daher sind Träume / Visionen die vom Menschen nicht-machbare Fortführung der Meditation: in der Meditation erwägen wir ganzheitliche Bilder, in Traum / Vision werden uns solche Symbole als Wegweiser für unser persönliches Leben geschenkt. Ferner ist zu bedenken, dass die Traumbotschaft symbolisch verschlüsselt ist, und zwar auch und gerade in visionären Träumen. FREUD meinte, die symbolische Verschlüsselung erfolge nur, um Triebwünsche, vor allem sexuelle, zu zensurieren, weil das Ich sie als „unanständig" bewertet (Es-Träume). Eine solche Verschlüsselung ist aber kein echtes Symbol, das eine neue Wirklichkeitsdimension erschließt, sondern ein bloßes Zeichen – Verschlüsselung und Verschlüsseltes gehören ja beide der materiellen Wirklichkeitsdimension an. Ich verstehe Symbole als irdische Bilder für Geistiges – und zwar als Bilder, die den Menschen (Einzelne, Gruppen, die ganze Menschheit) existentiell betreffen, uns „unbedingt angehen" (P. TILLICH) und dadurch den Menschen verwandeln zu seiner Ganzheit hin – ihn in das Bild hineinwachsen lassen, das GOTT von ihm hat. GOTT spricht zu uns zwar immer, aber fast immer indirekt – durch Situationen, in die Er uns stellt, durch Menschen, die uns begegnen, und eben durch Träume und Visionen.

Ich selbst hatte auch solch visionäre Träume. Den einen, in dem ich mich als Dominikanerin sah, habe ich schon erzählt. Zwei weitere hatte ich nach PETERs Tod – einen bald, einen am Herz-Jesu-Fest danach. Beim ersten Traum sah ich PETER im Nebenraum des Intensivzimmers, in dem er gestorben war, wie bei Toten üblich mit einem Leintuch bedeckt. Plötzlich bewegte er sich unter dem Leintuch, streifte es ab, erhob sich und schwebte merkwürdig strahlend mit ausgebreiteten Armen auf mich zu. Ich dachte, er würde mich umarmen und mit sich nehmen – doch leider erwachte ich.

Den anderen Traum hatte ich am Vorabend des folgenden Herz-Jesu-Festes, wusste aber nicht, dass es der Vorabend dieses Festes war. Ich war im Traum, wie oft in der Realität, beim Chorgebet bei den Dominikanerinnen, doch der Raum war total verändert – riesig und mit einem violetten Spannteppich bedeckt. Die Lesung hatte keine Dominikanerin, sondern seltsamer Weise eine Herz-Jesu-Schwester, eine ehemalige Studentin von mir, mit der ich noch heute befreundet bin. Dann hatte ich das Gefühl, hinauf zu schweben, und als ich hinauf schaute, sah ich eine riesige elfenbeinweiße Kuppel. In ihr standen auf kleinen Podesten zahllose Heilige, ganz oben MARIA mit gesenktem Kopf, so dass ich ihr Gesicht nicht erkennen konnte, und einem langen blauen Schleier, rechts neben ihr PETER. Während ich hinaufschwebte, begannen die Heiligen zu applaudieren – besonders natürlich Peter. Da MARIA nicht gleich mitmachte, griff PETER zu ihr hinüber und applaudierte mit ihrem Händen. Ich fühlte mich leicht und glücklich, wenigstens im Traum.

Eine andere wichtige Gebetsweise ist die Kontemplation. Sie war im Mittelalter eine Spezialität des Dominikanerordens, geriet aber auf der Aufklärungszeit etwas in Vergessenheit.

„Eine klösterliche Anekdote erzählt: Ein junger Mönch bemüht sich übereifrig, hat aber das Gefühl, religiös nicht weiterzukommen. Er geht also zum Abt und fragt um Rat. Der Abt drückt im schweigend eine Teetasse in die Hand und beginnt Tee einzugießen - immer mehr, bis die Tasse übergeht und der heiße Tee dem armen jungen Mönch über die Finger rinnt. Schüchtern sagt der junge Mönch: Sehen Sie denn nicht, dass die Tasse bereits voll ist und nichts mehr hineingeht? Darauf antwortet der Abt: Siehst Du, ebenso verhält es sich mit Dir: Du bist voll von Deinen eigenen Gedanken, Wünschen und Plänen und willst doch, dass GOTT in Dir Platz findet. Beten heißt nicht, sich selbst reden hören, beten heißt, still werden und still sein und warten, bis der Betende GOTT hört" (erzählt nach HALBFAS H. (1998, Der Sprung in den Brunnen, Düsseldorf, 139)

Alle „alten" (d.h. im Mittelalter gegründeten) Orden besaßen eine reiche Tradition ganzheitlichen Betens – eine Kombination von verbalen Gebeten, Meditation und Kontemplation mit bewusstem Einbezug des Körpers. In der Aufklärungszeit (18.Jh.) wurden diese Traditionen weitgehend verschüttet, viele beschauliche Orden aufgelöst: Es zählte nur das „Vernünftige", was oft mit vordergründig-pragmatischen Zweckrationalität verwechselt wurde – die Kirche und ihre Orden sollten Menschen zu braven, moralischen Bürgern erziehen und Kranken, Behinderten, Alten etc. helfen. Das ist natürlich gut, aber zu wenig. Erst im 20.Jh. setzte ein Umdenken ein: Gerade weil der Mensch sich in der Meditation ganzheitlich besinnt und in der Kontemplation GOTT völlig ausliefert, gleichsam zur offenen Schale für GOTTES Wirken wird, kann GOTT in dieser Gebetsweise den Menschen am stärksten umgestalten. Leider bilden aber oft Meditation und Kontemplation nicht mehr, wie im Mittelalter, zwei einander ergänzende Gebetsarten, sondern werden auf „West" (Meditation) und „Ost" (Kontemplation) aufgeteilt oder, was noch schlimmer ist, gleichgesetzt.

Der Weg des kontemplativen Gebets ist schwer zu beschreiben, weil wir hier an die Grenze des sprachlich Aussagbaren kommen – Sprachloses ist nicht sprachlich zu artikulieren. Auch Umschreibungen wie „inhaltloses" oder „gegenstandsloses" Gebet sind missverständlich, obwohl sie auf der uralten

Tradition der „negativen Theologie" beruhen, d.h. darauf, dass man etwas schwer Beschreibbares durch Ausgrenzung all dessen, was es nicht ist, wenigstens näherungsweise zu skizzieren versucht. Ferner besteht gerade hier die Gefahr, dass man meint, durch das Lesen von Büchern, in denen die Erfahrungen anderer niedergelegt sind, bereits selbst diese Erfahrungen zu haben. Bücher, Vorträge, Exerzitien u.ä. sind aber nur nützliche Wegweiser für diesen Weg, gehen muss ihn aber jeder selbst.

Warum soll man sich überhaupt auf eine solche Gebetsart einlassen? Es gibt zumindest zwei gute Gründe, kontemplativ zu beten:
Der erste Grund ist ein eher (erkenntnis)theoretischer: GOTT kann kein Denkinhalt neben anderen Denkinhalten sein – Er ist in allem, was es gibt und was wir denken können, präsent, ohne darin völlig aufzugehen – mit dem Fachausdruck "Allgegenwart" – , außer im Bösen, das AUGUSTINUS daher zurecht als „Mangel an Gutem" und damit als Abwesenheit GOTTES ansieht. Wir können GOTT nicht denken, denn wenn wir das könnten, wäre unser Denken höher als GOTT – dann wäre nicht GOTT der eigentliche GOTT, sondern unser eigenes Denken. Und weil wir GOTT nicht als Inhalt neben anderen Inhalten denken können, „denken" wir GOTT erst, wenn wir nicht denken - in der Kontemplation ist GOTT selbst „Gegenstand" unseres Betens. Kontemplation kann also auch mit Gottesschau wieder-gegeben werden: *"Alle jene Bilder und Vorstellungen aber sind der Balken in deinem Auge. Drum wirf sie hinaus, alle Heiligen und Unsere Liebe Frau, aus deiner Seele, denn sie alle sind Kreaturen und hindern dich an deinem großen Gott. Ja, selbst deines gedachten Gottes sollst du quitt werden, aller deiner doch so unzulänglichen Gedanken und Vorstellungen*

*über Ihn... Alles, was du da über deinen Gott denkst und sagst, das bist du mehr selbst als Er, du lästerst Ihn, denn, was Er wirklich ist, vermögen alle jene weisen Männer in Paris nicht zu sagen. Hätte ich auch einen Gott, den ich zu begreifen vermöchte, so wollte ich ihn niemals als meinen Gott erkennen"* (Eckehart, zit. nach Pfeiffer (1924), Deutsche Mystiker des 14. JH., Bd. II, 241. 169. 353). Der zweite Grund ist ein praktischer und daher leichter verständlich: Jeder von uns hat schon die Erfahrung gemacht, dass gute Vorsätze nur eingeschränkt weiterhelfen. Das bedeutet keineswegs, dass sie halbherzig gefasst worden wären, sondern bestätigt die Annahme eines Unbewussten, das sich der Kontrolle durch unseren Verstand und Willen entzieht. Daher werden wir nicht aufgrund eigenen Bemühens, sondern nur so weit, wie wir uns von GOTT verwandeln lassen, zu selbstloser GOTTES- und Nächstenliebe fähig – und das ist ein lebenslanger Prozess: *"Es ist ein gleichwertiger Austausch und ein gerechter Handel: So weit du ausgehst aus allen Dingen, so weit, nicht weniger und nicht mehr, geht Gott ein mit all dem Seinen"* (Eckehart, zit. nach Reden der Unterweisung 4, zit. nach Quint (Hg.) (1963), Deutsche Predigten und Traktate, München, 57.
In der Kontemplation bemühen wir uns also, vor GOTT und für GOTT leer zu werden, was vor allem dem Ungeübten meist sehr schwer fällt. Hilfen dazu können sein: Regelmäßiges Üben, möglichst unterstützt durch Sitzen im Körperschwerpunkt, was zu seelischer Harmonie und Festigkeit hilft, und ruhige, tiefe, natürliche Atmung. Das sind keineswegs „Anleihen" aus östlichen Traditionen, durch die wir eine „Überfremdung" des spezifisch Christlichen fürchten müssten: denn erstens waren diese „Techniken", den Körper ins Gebet miteinbeziehen, dem christlichen Mittelalter, vor allem den Mystikern, vertraut, und

zweitens kann bei einer inhaltsfreien Gebetsform keine inhaltliche Überfremdung stattfinden.

Die schwierigste Anforderung des kontemplativen Gebets ist sicher das Leerwerden, dessen Sinn ich bereits erwähnte: Wo wir voll sind von eigenen Begierden, Wünschen, Gedanken, Plänen, kann GOTT nicht hinein, denn Er respektiert unsere Freiheit. Nichts aber fällt uns so schwer, wie das Loslassen dieser Begierden, Wünsche und Gedanken – machen sie doch unser konkretes Ich aus. Vordergründig sind wir einfach gewohnt, immer etwas zu denken. Hintergründig aber geht es bei der Forderung nach Leerwerden um ein totales Loslassen, d.h. um ein Sterben, und davor graut uns instinktiv: wir wollen auf uns selbst beharren. Daher ist die größte Hilfe zum Leerwerden das Vertrauen, dass wir nicht Leerwerden um des Leerwerdens willen, sondern um dem wahren Leben und Glück, GOTT, in uns Raum zu geben: *Denn wer sein Leben retten will, wird es verlieren; wer aber sein Leben um meinetwillen und um des Evangeliums willen verliert, wird es retten (Mk 8,35).*

Das kontemplative Beten ist daher eine starke, vielleicht die stärkste Übung des GOTTvertrauens.

Wie die Meditation durch Träume / Visionen weitergeführt werden kann, so die Kontemplation durch mystische Erfahrungen. Hier besteht also eine Parallele: jeder kann sich entscheiden, ob er Meditation und / oder Kontemplation übt – niemand aber kann durch persönliche „Leistung" verdienen, durch Visionen und / oder mystische Erfahrungen weitergeführt zu werden – das ist eine Gnadengeschenk GOTTES, und wir dürfen vertrauen, dass Er es zur rechten Zeit schenkt, d.h., wenn ein Mensch dazu reif geworden ist. Für einen spirituellen Weg im allgemeinen und den kontemplativen Weg im besonderen ist es sehr wichtig, sich nicht mit anderen zu vergleichen – ich muss MEINEN Weg gehen, nicht den eines anderen, und vertrauen, dass GOTT mir auf diesem Weg gerade die Gnaden schenkt, die ich brauche.

Der Name Mystik kommt vom griechischen mýein, d.h. Augen und Mund verschließen, weil man GOTTESerfahrungen leichter ohne Ablenkung durch die sich aufdrängenden Sinneswahrnehmungen machen und, wenn man sie gemacht hat, nicht adäquat mitteilen kann.

Der erste Schritt auf diesem Weg ist die Heilung des äußeren und inneren Menschen (via purgativa) – die Verwandlung der Eigenliebe zur Nächsten- und Gottesliebe.

Erst wenn ein Mensch klar erkennt, dass er in entfremdeten Beziehungen und an sein eigenes Ich gefesselt lebt („cor incurvatum in se"), und sich ernsthaft entschließt, in „das verlorene Paradies" zurückzukehren, ist er reif für den spirituellen Weg. Die erste Phase dieses Weges ist daher die Heilung der falschen Bezüge zu GOTT, zu sich selbst, zum Mitmenschen und zur apersonalen Schöpfung – kurz: die Heilung von der Ich-Bindung - ein jahre-, meist sogar jahrzehntelanger Prozess, der auch als Läuterung, Reinigung oder Loslassen bezeichnet wird.

Obwohl logisch betrachtet die Gottesliebe Fundament der Nächstenliebe bzw. der Liebe zur Schöpfung ist, erfolgt die Verwandlung des Menschen fast immer zunächst von der Nächstenliebe bzw. Schöpfungsliebe, also von seinen „äußeren" Bezügen, her – in der spirituellen Literatur bezeichnet als Läuterung des äußeren Menschen: Die Rangordnung der Liebe zu den Geschöpfen muss umgestellt werden von meiner Rangordnung zu der Rangordnung GOTTES. Sicher ist dazu hilfreich, meine Rangordnung zu überdenken und vielleicht bewusst manches loszulassen, wovon ich überzeugt bin, dass es der Rangordnung GOTTES nicht entspricht. Hier sind Verhaltensweisen wie „Opfer" und „Disziplin" sinnvoll. Diesen Teil der Läuterung hat man auch als „aktive Läuterung" bezeichnet, weil man ja selbst etwas dazu beiträgt. Aber damit erfasse ich nur die bewussten, nicht aber die unbewussten Anteile meiner Persönlichkeit. Doch wichtiger und um vieles schwerer ist es einzuwilligen, sich von GOTT etwas oder jemanden nehmen zu lassen. Denn für die Läuterung oder Heilung des äußeren Menschen ist als Durchgangsstadium, nicht als Endzweck, das Loslassen bzw. das Getrennt-Werden von Menschen und Dingen erforderlich, die uns auf unserem Weg zu GOTT hindern würden. Da wir letztlich nicht beurteilen können, wer oder was uns hindert, können wir in die kleinen und großen Verluste unseres Lebens „nur" einwilligen. Aber wer schon große Verlusterfahrungen hinter sich hat, weiß, wie schwer uns dieses „Nur" fällt. Ziel der Läuterung des äußeren Menschen ist freilich weder stoische Apathie noch zynische Misanthropie noch masochistische Askese, sondern die Verwandlung der Eigenliebe in Nächsten- und Schöpfungsliebe.

Ein Gedanke ECKEHARTs, den er im Buch der göttlichen Tröstung äußert, soll uns als Klammer zwischen der Heilung des äußeren und der des inneren Menschen dienen: *„Kein Gefäß kann zweierlei Trank in sich fassen. Soll es Wein enthalten, so muss man notgedrungen das Wasser ausgießen; das Gefäß muss leer und ledig werden. Darum: sollst du göttliche Freude und Gott aufnehmen, so musst du notwendig die Kreaturen ausgießen"* (Zit. nach Quint (1963), Eckehart, Deutsche Predigten und Traktate, München, 114).

Der zweite Schritt der Heilung des Menschen, die Heilung des inneren Menschen, ist schwerer:

Erstens: sie ist gänzlich passiv zu erleiden; das einzige, was ich aktiv zu diesem Schritt beitragen kann, ist, mich inhalts-, willens-

und bedingungslos GOTT auszuliefern – dazu hilft besonders die Kontemplation. Zweitens: der Verlust von Geschaffenem, wie er bei der Heilung des äußeren Menschen durchlitten werden muss, ist ja getragen von einer zwar noch ungeläuterten, aber immerhin vorhandenen Gottes-beziehung - ich „habe" ja noch GOTT, daher habe ich nicht alles gelassen, sondern nur Geschöpfe um Gottes willen. Das Loslassen der Gottesbeziehung ist dem Menschen aber im letzten gar nicht möglich – der letzte ihm mögliche Schritt ist die Kontemplation. Die Hilfe, die GOTT dem dazu bereiten Menschen dann angedeihen lässt, sieht zunächst für diesen Menschen wie die furchtbarste Strafe aus: GOTT entzieht Sich diesem Menschen total – er versetzt den Menschen in den Zustand der Gottverlassenheit oder mystischen Nacht.

Ich bringe Zeugnisse der zu Unrecht verkitschten und gar nicht „kleinen" THERESE von Lisieux: Was nämlich das Ertragen ihrer Todeskrankheit - sie hatte Tuberkulose, die sich aber im ganzen Körper ausbreitete - ins Großartige steigert, ist die erst nach ihrem Tod aus ihren Aufzeichnungen bekannt gewordene Tatsache, dass sie während der ganzen Zeit großer körperlicher Schmerzen zugleich die mystische Nacht, den Zustand der totalen Gottverlassenheit, durchlitt. Es ist erstaunlich, mit welcher Selbstbeherrschung THERESE diesen Zustand vor ihren Mitschwestern verbarg, um sie nicht zu beunruhigen. *„Man schadet seiner Seele, wenn man bei anderen Verständnis und Trost sucht. Man raubt sich selbst die Kraft".* Während THERESE vor jenem Karfreitag, der für sie bis zum Tod dauerte, meinte: *„Ich konnte nicht glauben, dass es gottlose Menschen gibt, die den Glauben nicht haben. Ich glaubte, sie würden gegen ihre Überzeugung sprechen, wenn sie die Existenz des Himmels leugneten"* – so sagt sie nach jenem Karfreitag: *„In den so freudvollen Tagen der Osterzeit ließ*

*Jesus mich fühlen, dass es tatsächlich Seelen gibt, die den Glauben nicht haben".* Oder: *"Meine innere Beziehung zu Jesus? Nichts, Ausgedörrtheit, Schlummer. Da mein Geliebter schlummern will, werde ich Ihn nicht stören" (Lettres, an Pauline 2, 100). "Es sind die Überlegungen der schlimmsten Materialisten, die sich meinem Geist aufdrängen" (Karrer, 170).*
Sie hält unbeirrt am Glauben an GOTT fest, von dem sie weder weiß noch fühlt, ob es Ihn gibt. Und sie will diesen Zustand bestehen, weil sie darin eine Möglichkeit sieht, stellvertretend den Unglauben der Materialisten zu tragen, die gerade in Frankreich vor der Jahrhundertwende stark zunehmen. Frühere Mystiker haben diese Haltung als „übernatürliche Tugend" bezeichnet und umschreiben mit „Glauben in der Finsternis, Hoffen in der Verlassenheit, Lieben im Überdruss". Mystik besteht also weniger im Erleben von Visionen und Ekstasen – ein Erleben, das man ohnedies nicht selbst steuern kann -, sondern im Durchhalten des Glaubens im Zustand der Gottverlassenheit, denn nur ein solches Durchhalten lässt den Menschen hoffen, zu selbstloser Gottesliebe gereift zu sein.
Ob ihre Todesworte – gerichtet an das Kreuz – „Ich liebe Dich!" hoffen lassen, dass wenigstens im Tod die Gottverlassenheit von ihr genommen wurde?
Aber: Wie könnte uns GOTT anders zur selbstlosen Gottesliebe befähigen? Solange wir GOTT lieben, weil Er uns gute Gaben schenkt, lieben wir nicht Ihn, sondern die von Ihm geschenkten Annehmlichkeiten. Gerade weil Er uns liebt und uns zur Gegenliebe führen will, kann Er uns diesen Zustand nicht ersparen. Erinnern wir uns, dass auch JESUS sagte, dass nur der, der bereit ist, sein Leben zu verlieren, es gewinnen kann – und dass auch bei Ihm der Weg zur Einigung mit GOTT durch die Gottverlassenheit, der Weg zur Auferstehung durch den Tod führte.

Die Heilung des Menschen ist erst abgeschlossen, wenn er alles gelassen, wenn er die Ich-Bindung aufgegeben hat, wenn er sich selbst im mystischen Tod gestorben ist.

Schon KANT hat lapidar festgestellt: *„Erfahrungen muss man machen".* Selbst die banalste Alltagserfahrung kann man sprachlich nie so klar ausdrücken, dass für den, der diese Erfahrung nicht kennt, die Erfahrung durch die Beschreibung ersetzt werden könnte. Das gilt noch weit mehr für die höchstmögliche Erfahrung, die Erleuchtung oder Erfahrung der Einheit mit GOTT. Das, was hier erfahren wird, lässt sich, wenn überhaupt, nur im Gegensatz zu unserer üblichen Denkweise beschreiben. Normaler Weise denken wir diskursiv, d.h. einen Denkinhalt nach dem anderen, wobei wir Denkinhalte voneinander abgrenzen und zueinander in Beziehung setzen. So ist es auch möglich, durch Nachdenken zu erkennen, dass wir selbst und alle Dinge im Kosmos ihr Sein nicht aus sich selbst haben können, und daraus zu schließen, dass sie dieses Sein von einem Wesen verliehen haben, das aus Sich Selbst ist, von GOTT. Solche Überlegungen sind durchaus berechtigt, haben aber den Nachteil, dass sie keine letzte existentielle Gewissheit gewähren – es könnte ja auch anders sein. In der mystischen Erfahrung wird diese Diskursivität des Denkens (und damit die Zeit) kurzfristig aufgehoben, wir denken nicht, dass wir und alle Dinge in GOTT geborgen sind, sondern wir erfahren uns intuitiv in GOTT aufgehoben und diese Ganzheit als größtmögliches Glück – es sind ja alle schmerzlichen Trennungen beseitigt. Auslöser kann eine Naturerfahrung sein, und zwar durchaus individuell verschieden – etwa für MOSE der brennende Dornbusch, für ELIJA das zarte Säuseln des Windes, für die Jünger am Schawuot-(Pfingst-)Fest das heftige Sturmesbrausen. Die heutige Psychologie spricht von peakexperience (Gipfel-Erlebnis). Die Primärerfahrung scheint bei den Menschen, die sie haben, gleich oder zumindest ähnlich zu sein, die sekundäre Deutung aber je nach Kultur und Religion verschieden. Während man in der christlichen Mystik stärker das Erleben der Geborgenheit der Schöpfung in Gott betont (Liebesmystik), betont die östliche Mystik stärker das Erleben der Einheit mit dem Göttlichen (Einheitsmystik). Man müsste wohl beide Aspekte zusammen sehen und von dem Erleben einer Identität-Nichtidentität oder Nichtidentität-Identität sprechen – im Bewusstsein, dass unsere diskursive Sprache zumindest zwei Begriffe braucht, um das auszudrücken, was im intuitiven Erleben eins ist - nicht als Entweder-Oder, sondern als Sowohl - Als auch. Natürlich kennt bereits die Bibel diesen Doppelaspekt der Einheitserfahrung – ich möchte dazu bewusst auf zwei Texte desselben biblischen Autors hinweisen, auf LUKAS: im Gleichnis vom Barmherzigen Vater ist GOTT das liebende, personale Gegenüber (Lk 15,11-32), in der Areopagrede der Apostelgeschichte die uns umgebende Lebensenergie (Apg 17, 28: *„Denn in Ihm leben wir, bewegen wir uns und sind wir")*.

Doch dieses Fenster zum Himmel, das in der Einheitserfahrung aufgeht, schließt sich rasch wieder – wir leben ja unter Raum-Zeit-Materie-Bedingungen.

Den Abschluss des kontemplativ-mystischen Weges bildet sein praktischer Aspekt, warum Tod und Auferstehung in diesem Leben wenigstens partiell vorweggenommen werden sollen – es ist das Fruchtbringen. Denn auch und gerade für die mystische Erfahrung hat uns JESUS selbst den Prüfstein genannt: *„An ihren Früchten werdet ihr sie erkennen. Erntet man etwa von Dornen Trauben oder von Disteln Feigen? Jeder gute Baum bringt gute Früchte hervor, ein schlechter Baum aber schlechte*

*..."  (Mt 716 f.).* Die Früchte, die ein Mensch aus sich selbst hervorbringt, sind menschlich, die GOTT in ihm hervorbringt, göttlich. Im letzten Stadium des mystischen Weges, der Einigung, geht es also nicht um eine momenthafte, glückselige Erfahrung, sondern um das fruchtbringende Bleiben in GOTT – das Leben aus der Einigung ist der praktische Aspekt des kontemplativ-mystischen Weges. Niemand, der sich für diesen Weg entschließt, geht diesen Weg allein – er geht ihn immer auch für andere. Das ist auch der Grund, warum wir Läuterung / Einigung / Leben aus der Einigung nicht auf das Jenseits vertagen, sondern hier und jetzt beginnen sollten. Spätestens hier muss klar werden, dass der Ausrottungsversuch der Mystik durch die Aufklärung im 18.Jh. und ihre Überzuckerung im 19.Jh. eine verkürzte Spiritualität hervorbrachte. Echte Mystik hingegen führt zu einer vertieften Realitätssicht und dadurch zur Tauglichkeit („Tugend"), als Glied des Leibes CHRISTI zu handeln. *"Gott ist die Liebe, und wer in der Liebe bleibt, bleibt in Gott, und Gott bleibt in ihm"* (1 Joh 4,16 b).

Das Joh-Ev (20,11-18) bietet in MARIA MAGDALENAs Auferstehungserfahrung ein Bild des mystischen Weges: Solange sie in sich gekrümmt im Grabe verweilt, kann sie CHRISTUS nicht erkennen. Auf Seine Anrede kehrt sie um – und als sie Ihn erkennt, will sie diese Glückserfahrung festhalten. Doch Er verbietet ihr dieses Festhalten – *„Hafte nicht an mir"*, so die wörtliche Übersetzung – und sendet sie zu den Jüngern, um zu verkündigen.

Meister ECKEHART vergleicht in seiner 2.Predigt das spirituelle Leben mit MARIA: Jeder Mensch müsse nach dem Vorbild MARIAS Jungfrau (ledig von allen falschen Bindungen, vor allem von der an sich selbst), Frau (eins mit GOTT) und Mutter (GOTTES „Kinder", d.h. Seine Aufgaben, hervorbringend) werden.

Vieles auf diesem Weg kann ich aus eigener Erfahrung bestätigen. Dabei wurde mir klar, dass sich diese drei Schritte auf (hoffentlich) höherer Stufe wiederholen können und dass sie mit unserer Lebensgeschichte verbunden sind. Meine erste Nachterfahrung waren die 68erjahre. Meine erste Einheitserfahrung folgte, nachdem ich glückliche Ehefrau und Mutter geworden war, auf einem Sesshin im Stift Zwettel. Damals hatte ich auch meine bisher einzige Out-of-body-Erfahrung: Ich schwebte während einer Sitzungseinheit zur Decke und sah mich selbst und die anderen unten auf dem Boden sitzen – es ist sonderbar, sich selbst „von außen" zu sehen. Und aus diesen Erfahrungen heraus konnte ich in Familie, Beruf und Pfarre hoffentlich positiv wirken.

Seit PETERs Tod bin ich in meine zweite Nacht eingetreten – GOTT und PETER verabschiedeten sich gleichzeitig und ließen in mir ein riesiges schwarzes Loch zurück. Ich weiß, ich werde nie wieder diese unendliche Nähe zu einem Menschen erleben – aber warum GOTT gleichzeitig verschwand, weiß ich nicht und macht meine Einsamkeit um vieles bitterer. Ich kann nur, à la SENTA, versuchen, „treu zu sein bis in den Tod".
Auch in Deinem religiösen Leben war PETERs Tod ein Bruch. Du warst pfarrlich sehr engagiert gewesen, seit PETERs Tod bist Du offenbar auf GOTT böse – und kannst nicht verstehen, warum GOTT eine so glückliche Familie zerstörte. Ich hoffe sehr, dass Du wieder zu einem religiösen Leben findest.

## *Klostereintritt*

Nachdem Du Dein BW-Studium beendet und eine gute Anstellung gefunden hattest, beschloss ich, PETERs Wunsch und meiner Verkündigungsberufung entsprechend, bei den Dominikanerinnen einzutreten – wahrscheinlich ein heute nicht selbstverständlicher Entschluss.

Nach meiner Überzeugung ist jeder Mensch dazu berufen, sein Leben auf GOTT hin zu leben. Und wer sich auf den Ruf GOTTES einlässt, wird bald merken, dass GOTT weder im AT noch im NT noch in der Kirchengeschichte „Vollkommene" beruft, sondern "Menschen wie du und ich", die aber durch das Annehmen der je individuellen Berufung von GOTT verwandelt werden. Doch oft geht das Erkennen und Anerkennen der eigenen Berufung nicht so glatt, Umwege sind möglich – wie etwa bei mir das Hineinschlittern in die 68-Generation und das schrittweise Hineinwachsen in den Glauben.

Schon während meiner glücklichen Ehe wuchs in mir die Achtung vor einem Leben im Orden. Während ich also im zweiten Drittel meines Lebens die Ehe als Weg zu GOTT zu leben versuchte, versuche ich jetzt, im dritten Drittel, das Ordensleben als Weg zu GOTT zu gestalten – oder besser: mich durch GOTT so gestalten zu lassen.

Für mich selbst schien und scheint dieser Weg völlig klar, für andere muss ich wohl zwei Fragen beantworten: Warum Orden? Und warum der Ordo Praedicatorum, vulgo Dominikanerorden?

Warum Orden? Orden versuchen die Tatsache, dass jeder Mensch ein Berufener ist, in symbolischer Verdichtung zu leben, um auf diese Berufung jedes Menschen aufmerksam zu machen. Daher gelten die Grundakzente des Ordenslebens in abgewandelter Form für jeden Menschen, der sich auf ein Leben mit GOTT einlassen will:

Das Motto bete und arbeite (AUGUSTINUS, BENEDICT) ist für jeden Menschen nötig, der seine Berufung leben will: diese Berufung im Gebet zu erspüren und in der Arbeit zu realisieren.

Auch die Gelübde sind keineswegs exotische Verpflichtungen für Ordensangehörige, sondern Wegweiser zu einem freieren und harmonischeren Menschsein: Der Mensch hat eine Sehnsucht über die endliche Welt hinaus – denn niemand kann sich auf Erden durch Besitz absolut absichern, kann absolut lieben und geliebt werden, kann sein Lebenskonzept absolut frei durchsetzen. Wer also Armut, Ehelosigkeit und Gehorsam lebt, schränkt seine Grundbedürfnisse nicht aus Masochismus ein, sondern will selbst immer mehr frei werden für eine absolute Geborgenheit, eine absolute Liebe, eine absolute Freiheit, wie sie bei Menschen nicht zu erlangen ist – und er will durch sein Leben anderen ein Erinnerungszeichen sein, sich im endlichen Bereich nicht endgültig fixieren.

Dazu kommt die Herausforderung des Gemeinschaftslebens: Sowohl die Bibel als auch die Philosophie sehen den Menschen in der Spannung von Individualwesen und Gemeinschaftswesen, was uns die Alltagserfahrung immer wieder bestätigt. Ordensgemeinschaften verstehen sich daher als Pendant zu natürlichen Familien, die naturhafte Basis (Sexual- und Brutpflegetrieb) wird durch einen gemeinsamen geistig-geistlichen Nenner ersetzt: *"Wer den Willen Gottes erfüllt, der ist für mich Bruder und Schwester und Mutter"* (Mk 3,35). Aus eigener Erfahrung muss ich aber sagen, dass eine gute Ehe und Familie eine leichtere Brücke zu GOTT ist.

Und warum der OP?

Um die Wende vom 12. zum 13. Jh. herrschten in Europa ähnliche soziale Spannungen wie heute zwischen Erster und Dritter Welt. Zwei bedeutende Männer gründeten etwa gleichzeitig "Bettelorden" – eine missverständliche Bezeichnung, weil diese Oden selbst-verständlich auch beten und arbeiten, um der Gesellschaft nicht zur Last zu fallen, aber keine Reichtümer anhäufen -, doch mit etwas verschiedener Akzentsetzung: FRANCISCUS legte den Hauptakzent auf die zeichenhaft gelebte Armut, also auf die Praxis – und war daher zunächst gegen eine wissenschaftlich-theologische Ausbildung und die Weihe seiner Brüder. DOMINICUS (* nach 1170 - + 1221) hingegen verband zeichenhaft gelebte Armut mit wissenschaftlich fundierter Verkündigung – in bewusster Nachfolge CHRISTI, der ja auch gewirkt und gelehrt hatte. Und DOMINICUS hielt an seiner Idee einer friedlichen Verkündigung durch Argumente auch in den Kriegswirren der damaligen Ketzerkreuzzüge fest und riskierte täglich sein Leben, indem er waffenlos mitten in den Kriegswirren predigte – der Ursprung des Predigerordens.

Neu war an diesem Ordenskonzept die Ergänzung der bisher üblichen zwei Zweige (1. männlich: aktiv und kontemplativ, 2. weiblich: kontemplativ) durch einen 3. Zweig, einen Laienorden für engagierte Laien, der den in der Kirche so verhängnisvollen Gegensatz zwischen „Geistlichen" und „Laien" überbrücken und den Laien ein Minimum an religiöser Bildung bieten sollte – denn es gab keinen Religionsunterricht, die wenigsten Laien konnten lesen und die Messen und Predigten waren in lateinischer Sprache. Zugleich wurde damit die Basis für die erst

neuzeitlich sich durchsetzenden aktiven Frauenorden geschaffen – für Frauen, die, wie die Männer, eine Verbindung von Aktion und Kontemplation leben wollen. Heute besteht die Familia Dominicana aus: Brüdern, Nonnen (Moniales), Schwestern und unterschiedlich organisierten Laiengruppen.
Neu war aber auch, dass der OP theologische Bildung und Armut um der Verkündigung willen anstrebt – also nicht primär auf Selbstheiligung, sondern auf das Heil des Nächsten ausgerichtet ist.

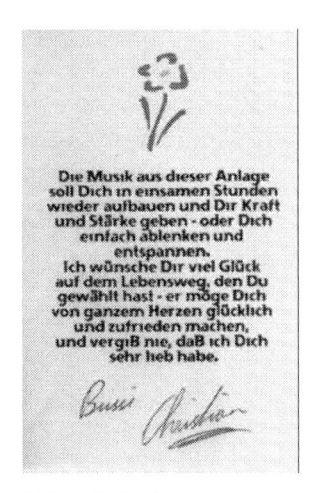

> Die Musik aus dieser Anlage soll Dich in einsamen Stunden wieder aufbauen und Dir Kraft und Stärke geben - oder Dich einfach ablenken und entspannen.
> Ich wünsche Dir viel Glück auf dem Lebensweg, den Du gewählt hast - er möge Dich von ganzem Herzen glücklich und zufrieden machen, und vergiß nie, daß ich Dich sehr lieb habe.
> Bussi Christian

Du, CHRISTIAN, warst zwar über mein Vorhaben nicht begeistert, aber toleriertest es, erstens, weil PETER Dir das vor seinem Tod nahe gelegt hatte, zweitens, weil Du merktest, dass ich unbedingt einen neuen Sinn im Leben brauchte. Ich wurde von den Schwestern, besonders von der damaligen Priorin und Subpriorin, die auch meine Novizenmeisterin wurde, freundlich aufgenommen.

Mit mir traten zwei junge Mädchen ein, die ruhigere ist noch da, die andere ist leider wieder ausgetreten.
Ich finde die klare Struktur des Ordenslebens spirituell hilfreich – als Ehefrau musste ich sie mir selbst zusammenstellen. Wir beten während des Schuljahres um 6 Uhr Früh die Laudes (Morgenlob), anschließend ist Hl. Messe. Am Nachmittag um 17 Uhr ist stille Anbetung, um 17.30 Rosenkranz, anschließend Vesper. In der Zwischenzeit und am Abend gehen wir unseren unterschiedlichen Aufgaben nach, bei mir war es die Tätigkeit als Professor an der KPH (Kirchlich-pädagogische Hochschule), jetzt in der Erwachsenenbildung mit Vorträgen, Einkehrtagen,

Exerzitien, Kursen, Lehraufträgen u.ä. – ich bin fast mehr beschäftigt als während meiner Berufszeit, worüber Du manchmal schimpfst. Aber ich finde diese Tätigkeit spannend, weil ich ganz verschiedene Gruppen kennen lerne und mich immer wieder auf neue Menschen und ein unterschiedliches Niveau der Gruppen einstellen muss. Aber ein Gesprächspartner, wie es PETER war, fehlt mir. Am ehesten ergänzen diese Lücke zumindest teilweise befreundete Priester, weil diese ähnliche Interessen haben – und ich habe innerhalb und außerhalb des Ordens liebe Freunde. Ich glaube von Mutter TERESA stammt der Satz: *Die Dritte Welt hungert nach Brot, die Erste nach Sinn* – ich kann ihn durch meine Erfahrung voll bestätigen. Ich finde es schade, dass man Frauenorden jahrhundertelang zu wenig gebildet hat – wobei wir als Verkündigungsorden besser dran sind als andere, weil wir ein großes Schulzentrum vom Kindergarten bis zum Gymnasium führen, wo einige Mitschwestern als Lehrkräfte tätig waren. Aber generell kann man sagen: Die Männerorden haben seit Jahrhunderten klare und interessante Aufgaben, den Frauenorden wurden eher dienende Rollen zugewiesen und auf ihr Bildungsniveau wenig geachtet. Das erweist sich nun als großer Nachteil, weil das „Bodenpersonal" knapp wird. Offenbar will man jetzt Versäumtes nachholen, da ja viel zu wenige Schwestern für die Verkündigung ausgebildet sind – aber: Ein Nachziehen des Bildungsniveaus der Frauenorden ist mindestens ein Zwanzig-Jahres-Programm.

Aber natürlich geht es in einem Kloster nicht nur ernst zu. Ich hatte anfangs etwa Schwierigkeiten, mich an das knöchellange

Gewand zu gewöhnen. Zwei Beispiele: Unter Habit besteht aus eine Tunica, eine Art Hemd mit Gürtel, und einem Skapulier, einem Überwurf über Vorder- und Rückseite. Auf das Skapulier setzt man sich nicht, erstens um es nicht zu verdrücken und zweitens um sich nicht selbst zu erwürgen. Ich hob also mein Skapulier im Chorgestühl artig zur Seite – und setze mich mit Schwung auf das meiner Nachbarin, die kleiner und zarter ist als ich – sie krachte also mit dem Kopf gegen das Chorgestühl. Eine andere Szene – Schauplatz: U-Bahn-Station Pilgramgasse, Zeit: Hautverkehrszeit. Ein Dackel hatte sich von seinem betagten Frauchen losgerissen und sauste die rechte Wienzeile stadtauswärts. Sie bat mich verzweifelt um Hilfe – ich schnappte einen jungen Polizisten, und wir beide, er in Uniform, ich im Habit, liefen hinter dem Dackel drein - zum Gaudium der Autofahrer. Die Szene steigerte sich, als wir bei einer kleinen, buschbepflanzten Grünfläche ankamen, der Hund sich verstecke und wir ihn suchten – da wussten die Zuschauer wohl nicht, was wir taten (der Hund war ja unsichtbar) und waren sicher befremdet, dass ein Polizist und eine Klosterschwester Versteck spielten. Endlich kam auch das betagte Frauchen, und der Hund geruhte zu kommen. Leider habe ich manchmal einen Hang zu unfreiwilliger Komik, selbst wenn ich helfen will.

Im Sommer vor meinen Ewigen Gelübden durfte ich einen ehemaligen Studenten, der bei den Chorherren in Klosterneuburg eingetreten war, in Einzelexerzitien auf seine Ewigen Gelübde vorbereiten – auf seinen Wunsch im Chorherrenstift Reichersberg. Ich war viele Jahre zuvor mit PETER anlässlich einer Schwantalerausstellung dort gewesen – ein stimmungsvoller Barockbau auf einem Hügel über den naturgeschützten Innauen. Mein Schützling ging am ersten Abend mit anderen jungen Chorherren in das Stiftsbräustüberl auf ein Bier, ich wollte eigentlich in Ruhe ein Buch lesen, und da es ein lauer Sommerabend war, setzte ich mich in den wunderschön gepflegten Herrengarten. Da kam ein mir noch unbekannter sehr junger Chorherr, offenbar ausgeschickt, mir den Garten zu erklären. Wir waren zunächst beide nicht entzückt – ich nicht, weil ich lieber gelesen hatte, er nicht, weil er wohl mit einer ältlichen Ordensfrau nichts anzufangen wusste. Aber seltsam: wir begannen zu reden und konnten gar nicht mehr aufhören. So bekam ich einen geistlichen Sohn, PETRUS – müheloser als den leiblichen. Und merkwürdiger Weise haben wir beide viel mehr gemeinsame Interessen als ich mit Dir, CHRISTIAN, habe. Ich würde mich sehr freuen, wenn Du ein wenig nachziehen würdest!

In sehr schöner Erinnerung habe ich die Feier meiner Ewigen Gelübde, der Bischof Ludwig SCHWARZ vorstand, ferner 17 Priester und 4 Diakone, auch unser evangelischer Pfarrer. Unsere Schulkapelle platzte aus allen Nähten.

Leider verschlechterte sich bald darauf der Gesundheitszustand meiner Mutter, sie starb bei den Barmherzigen Schwestern in meinen Armen – ein trotz meines Schmerzes friedvoller Tod.

Bald darauf starb auch meine Schwiegermutter. Meine Mutter hinterließ mir jemanden, mit dem ich viel Freude hatte – ihre Katze. Sie war zärtlich und klug, weil immer an Menschen gewöhnt. Ich durfte sie behalten, weil sie schon alt und eine reine Zimmerkatze war und sie sich nirgends sonst mehr eingewöhnt hätte. Ende 2011 ist sie – trotz ihres Alters von 19 Jahren – überraschend gestorben, ähnlich wie meine Mutter an Altersschwäche und in meinen Armen. Möge der Herr ihr ihr liebes, zärtliches Wesen vergelten und sie meiner verstorbenen Mutter zurückgeben, bis ich beide wiedersehe. Etwa zwei Monate später verunglückte ein sehr lieber Mitbruder relativ jung bei einem Autounfall, was nicht nur subjektiv sehr traurig für mich war, sondern auch objektiv eine Riesenlücke im Orden hinterließ, die kaum geschlossen werden konnte.

Doch vorher ereignete sich auch Schönes: Du heiratetest Deine langjährige Freundin und Jugendliebe, und ihr habt zwei gesunde (obwohl beide Frühgeburten waren) und liebe Töchter bekommen. Leider starb auch Dein Schwiegervater, so dass Du nun der einzige Mann in der Familie bist.

Eine weitere Freude bedeutete für mich die Weihe meine „Zweitsohnes" PETRUS zum Priester – solche Priester mir Hirn und Herz würden wir mehr brauchen.

## *Resumé*

Wenn ich auf mein Leben zurückschaue, würde ich als Headline ein Zitat des spirituellen Schriftstellers Henri NOUWEN wählen. Er erzählt in einem seiner Bücher eine Szene aus BERSTEINs "Messe", in der der Priester von seiner Gemeinde im wahrsten Sinn des Wortes fallen gelassen wird, wobei sein gläserner Messkelch zerbirst. Der Priester schaut nachdenklich auf den zerbrochenen Kelch und sagt: *„Mir war noch nie bewusst, dass zerbrochenes Glas so herrlich strahlt".* Das scheint gut meine eigene Lebenserfahrung zusammenzufassen: wer gebrochen wurde und sich von GOTT neu zusammensetzen lässt, dessen Leben wird heller und strahlender, zwar nicht für den Betroffenen, zumindest aber für andere.

Ich erlebte in meinem Leben zwei Mal starke Brüche, einmal mit etwa 25 – meine „linke" Lebens-einstellung – und einmal mit etwa 50 Jahren – der Verlust des von mir am meisten geliebten Menschen. Und zwei Mal wurden die Scherben neu zusammen-gesetzt: das erste Mal durch meine Bekehrung und Ehe, das zweite Mal durch einen neuen Lebensweg als Schwester auf dem heißen Blechdach.

Mein letzter Lebensabschnitt hat begonnen – das Hineinwachsen in den Transzendenzbereich.

Printed in Great Britain
by Amazon